幸福だけが人生か？

ポジティブ心理学55の科学的省察

クリストファー・ピーターソン（著）Christopher Peterson　宇野カオリ（訳）Kaori Uno

春秋社

自由の名に値する唯一の自由は、
他人の幸福を奪ったり、幸福を求める他人の努力を
妨害したりしないかぎりにおいて、自分自身の幸福を
自分なりの方法で追求する自由である。
――ジョン・スチュアート・ミル
『自由論』(*On Liberty*、斉藤悦則訳、光文社古典新訳文庫)

序文

二〇〇八年四月二二日、私は「サイコロジー・トゥデイ」より、彼らのウェブサイトに文章を寄稿してみないかとのメールを受け取った。興味深い誘いだったので、私はそれに応えることにした。そのときは自分がどこに導かれていくかなど思いもよらなかったが、八〇万件ものアクセスを得てみてその答えが分かった。それは、インターネット上のどこでも、心理学の理論や、方法や、研究結果や、応用に興味を持っている人々がいるところだ。

私が、「よい生き方」（The Good Life）というタイトルで書いたブログエントリーのほとんどは、何が人生を生きるに値するものにするのか、その科学的研究を包括する用語である**ポジティブ心理学**に焦点を置いたものだ。

私は、よい生き方についてポジティブ心理学者たちが発見したことについて、読者がすごく知りたがっていることに気がついた。また、読者には、研究結果が好まれることも知った。ポジティブ心理学の理論や研究の実践的な意味合い、つまり、「だから何？」(So what?) という部分が好まれることも知った。心理学的なよい生き方 (psychological good life) をどう探求すればよいのか？　それを簡潔に、かつちょっとユーモアを交えて伝えるのがよいことに気がついた。事例が好まれることも知った。そしてときに、私が暴言を吐くことが好まれることも。こうした私の気づきのすべてがこの本に詰め込まれている。

私はミシガン大学で心理学の教授として勤めている。「サイコロジー・トゥデイ」のためにも、私の取り組みについて、大学側にも知ってもらいたかった。大学のお偉いさんたちは、インターネットのヒット数など気にも留めないだろうが、出版については理解していた。そのため、「省察」と称して、自分のブログエントリーを一冊の本にまとめることをずっと目標としてきた。出版されれば、彼らも何らかの価値を認めるだろう、と思って。

私は一〇〇以上のブログ記事を書き終わるまで待った。そして、その中から、ポジティブ心理学に最も関連性のある記事を選んで、それらを妥当なカテゴリーへと振り分けた。この本は、ポジティブ心理学を学ぶ学生もそうだが、ポジティブ心理学に興味関心を持つ幅広い層の人たちにも役立つことだろうと思う。

この本にある省察の多くは、元々「サイコロジー・トゥデイ」のウェブサイトのために書いたものだが、実際にはほぼすべての省察を見直し、改訂した。必要に応じていくつかの注釈を加え、インターネット上の読者による反応から学んだことや、私自身がさらに考えたことを反映させた。また、この本のために まったく新しい省察も加筆した。

省察については、ポジティブ心理学の関心対象を表す広範囲なカテゴリーに振り分けた。第1章から第4章は、よい生き方に貢献するさまざまな要因や、ポジティブ感情とポジティブな経験、ポジティブな特性と才能、ポジティブな関係性、そして、家族、職場、学校といったような、よい生き方を可能にする制度や、地理的な場所について述べてある。

私はまた、自分が嫌いなものについて、生きる価値の**ない**人生を構成するものに対する私自身の意見として、いくつかの省察を入れておいた。

そして、第5章の「ポジティブ心理学とよい生き方」は、人間のありように関する科学的見解としてのポジティブ心理学に対する問いが含まれている。ポジティブ心理学とは何か？ ポジティブ心理学の成果とは何か？ ポジティブ心理学はどこに向かうのか？ ポジティブ心理学はまだ発展途上にあるが、そこに潜む落とし穴や問題点とは何か？

いずれの省察にも深い意味が込められているが、最後の章では、心理学的なよい生き方を探求することに関連性の高いポジティブ心理学について明らかにした省察を含んでおいた。

私の書くものが価値あるものであるかのようにいつも感じさせてくれた「サイコロジー・トゥデイ」の編集者、リビー・マの励ましに感謝したい。そして、この本を具体化するために労を取ってくれたオックスフォード大学出版局のアビー・グロスにも謝辞を表したい。

この本を、私の最愛の友人であり同僚であるナンスク・パクに捧げる。彼女は省察を書くよう私をはじめから励ましてくれた。私が省察を書くことでハッピーになれることが彼女にははっきりと分かっていたからだ（自分では分からなかった）。ナンスクはまた、私が過去に書いてきた数多くのテーマや情報源を提示してくれた。そして、この本の全体的な構成に加えて、一つひとつの省察に関する内容や文体について、彼女の知恵を惜しみなく共有してくれた。

二〇一二年二月一八日

ミシガン州アナーバー市にて
クリストファー・ピーターソン

幸福だけが人生か？——ポジティブ心理学55の科学的省察

目次

第4章 よい生き方を可能にする制度 114

第6章　よい生き方を求めて　209

幸福だけが人生か？——ポジティブ心理学55の科学的省察

第1章

ポジティブ感情とポジティブな経験
——満足感を高め、持続させる方法は存在するか？

Positive Emotions and Experiences

ポジティブ心理学者がときどき懸念するのは、ポジティブ心理学が「薄っぺらな快楽を賞賛する分野」と認識され、快楽主義の変種のように扱われ、軽んじられてしまうことだ。しかし実際には、ポジティブ心理学者がいつも強調している通り、ポジティブ心理学の守備範囲はとても広く、よい生き方に関与する多様な現象を網羅している。そして、この本の中で扱われているテーマのほとんどは、ポジティブ心理学でカバーされる類のものだ。

とはいえ、「快」という感覚を持つこと（喜びや幸せ、満足感、没頭などの経験）は、それ自体がよい生き方の一部でもある。そのため、この章の省察では、**ポジティブ感情**に真正面から取り組むことにする。ポジティブな経験について、小さなものであれ大きなものであれ、または単純なものであれ複雑なものであれ、これまでにどのような知見が得られているのだろうか？満足感を高める方法、または満足感を長く持続させるためのテクニックは存在するのだろうか？

たしかに、ポジティブ心理学は、私たちの人生の中に、科学的に検証されるに値する、真に価値あるものの存在を提示している。しかし、ポジティブ心理学者は、常に陽気に振る舞い、現実離れした楽観を示すポリアンナのようになって、何もかも素晴らしいなどと宣言する必要などない。そこで、この章の最後のいくつかの省察では、いわば私の「暴言」として、私が腹立たしさを覚えるものについて取り上げている（ただ、いくら腹立たしいものでも、書く分には楽しめたが……）。人を不快な気分にさせるものは、価値ある人生の創造に役立つものではない。こう考えるのは、おそらく私だけではないだろう。

1　シャワーの最中にみんなが考えること

What Do You Think About in the Shower?

最近、新聞に目を通す中で、とあるアンケート（形式張らない、とてもラフなもの）に関する記事を見つけたのだが、その結果がなかなか面白いものだった。アンケートの質問は、「シャワーを浴びている間、あなたはどんなことを考えますか?」という、いたってシンプルなものだった。アンケートの結果は、まるでアイリッシュ・スプリングの石鹸の香りのように、いつまでも私の記憶に残った。と言うのも、典型的な回答をした人たちに比べて、自分の方がもっと発展的な考え方をしていたという珍しいケースだったからだ。

さて、大勢の人による典型的な回答とはどのようなものだったか? 何と、その日のTo-Do《やること》リストを一通り頭の中で再確認しているというのだ!

では、私はと言うと……日によっては、髪の毛についたシャンプーを洗い流すことの重要性について考えることもあるのだが、たいていは、この言葉が適切であるかどうかは分からないが、シャワーを「心底楽しんでいる」。

シャワーを浴びているときの気持ちよさは、何もやましい快楽ではない。七つの大罪の一つというわけではない。モラルに反してもいなければ、法に触れるものでもない。ただ単純に楽しめるものではないか。それなのになぜ、もっと多くの人たちが楽しまないのだろうか?

実は、何の制約や懸念もなく満喫することのできる快楽というのはあまりない。シャワーを浴びることは、その数少ないもののうちの一つだ。さあ、今すぐシャワーの気持ちよさを味わってみよう! ポジティブ心理学者のフレッド・ブライアントとジョセフ・ベローフによる「深く味わうこと」(savoring)の研究では、楽しく心地よいことを存分に満喫するためには、何か他のことに気を取られてはだめで、今経験している心地よさに集中すべきだ、ということ

がとても明確に示されている。(1)

シャワールームの外でのTo-Do《やること》リストの重要度がどうであれ、服を脱いで湯を浴びるときにはそれが大きな邪魔物になるらしい。とはいえ、シャワールームに書類やノートを持ち込みはしないだろう。実際、リスト上に終了のチェック印を入れたりすることなどできるだろうか？　どこまでいっても快楽にはなじめない、ということだろうか……？（ところで、アンケートのいくつかの回答には、シャワー中にセックスについて考えているというのもあったのだが、それについては触れないでおこう。）

よい生き方というのはまったくもって局所的なもので、そのいくらかはシャワールームの中にも存在する。

さあ、次回のシャワーは存分に楽しんでみよう。シャワー中は、何も考えないように。もちろん、この省察のこともだ。

2　幸福な人と不幸な人の違いとは？

Savoring and Dampening Positive Feelings

「深く味わう」ことをテーマに前の省察を書いたが、深く味わうというのは、人間のポジティブな気持ちを意図的に高めたり維持したりするための一つの方略である（省察1と3を参照のこと）。深く味わうことが、瞬時のウェルビーイングだけでなく、その後のさらなるウェルビーイングにも寄与するのは明らかだ。さまざまな方略が考えられる。ポジティブな経験を人と共有するとか、思い出作りをする（写真や記念品など）とか、経験の中にどっぷりと浸かってみるといったことがそうだ。

こうした方略が自発的に用いられるとき、その用い方には人によって違いが出るらしい。[2] とても頻繁に深く味わう人もいれば、ほとんど味わわない人もいる。そして、そうした傾向が、人生の満足度や幸福度に与える影響は予想される通りだ。さらには、ポジティブな気持ちを「台無しにしてしまう」人さえいる。そういう人はポジティブな気持ちに対して、ネガティブな気持ちで対処しようとする。ポジティブな気持ちを台無しにすることは、言うなれば快楽の敗北にしがみつくようなものだ。それも、勝利を目の前にして……。[3]

では、なぜ、ポジティブな気持ちを台無しにしてしまう人がいるのだろうか？

ポジティブな気持ちを他人にひけらかしたくないから。この先も、今と同じくらい素晴らしいものになるだろうという、高い期待を持つのが嫌だから……など、いくつかの理由が考えられる。[4] しかし、最近読んだばかりのある論文には別の理由が挙げられていた。それは、一連の研究で裏打ちされたものであるため、私のたんなる推論よりはずっと耳を傾ける価値があるだろう。[5]

その研究から、**ポジティブな気持ちを深く味わうタイプか、それとも台無しにしてしまうタイプかの違いは、自尊心が影響を与えるものであることが明らかになった**のだった。

ウォータールー大学の研究者たちが、質問紙や実験などさまざまな手法を用いて調べた結果、自尊心の高い人ほど、よい気分を一層高めて維持するために、一つまたは複数のやり方でポジティブな気持ちを深く味わう傾向にあることが分かった。一方、自尊心の低い人は、意図的によい気分を抑制したり、心地よい状態に浸らないように自分自身の注意をそらせたりして、ポジティブな気持ちを静めてしまう傾向にあった。さらには、性格特性としての外向性や、神経症的傾向を測定し、これらを統計的に制御した場合〔訳註：これらの要因の影響をなくした場合の意〕にも同様のパターンが見られた。心理的に豊かな人ほど、より豊かになれるのだ。

研究者らは、この研究で得られた他のデータを基に、自尊心がこのような影響を与える理由として、人には自分自身に対する見方に整合性を取ろうとする意識が働くからだと主張した。自尊心の高い人、つまり自分自身を好ましく思い、価値ある存在だと認める人にとっては、幸福であることが、自分が自分らしい状態だと感じられるため、よい気分を深く味わうことができる。一方、自尊心の低い人、つまり自分自身を好ましく思わず、価値ある存在だと認めない人にとっては、不幸せであることが、自分が自分らしい状態だと感じられるため、よい気分を弱めようとするのだ。

この解釈が正しいとすれば、快楽主義よりも、自分らしさとの整合性の方が、感情に対する影響力が強い、ということになる。この結論には興味深い意味合いが隠されている。

　私はこれまで、不幸せな人は、不幸せにならないための方法を知らないから不幸せになっているのだと考えてきた。元気になる方法を知らない人に対して「元気出せよ」と言ったところでそれは無意味なのと同じだ。しかし、もしかすると、不幸せな人が不幸せになった理由は別にあって、それは自分が抱く自分像を曲げないために、不幸せになるように、あるいは少なくとも幸福にならないようにしようという意識が働いているからなのかもしれない。

　ポジティブ心理学者たちは、人を幸せにするための方略を数多く考案してきたが、そのほとんどは、より幸せになるために何をしたらいいのかを指示するものだ。[6]しかし、今回紹介した研究結果は、スキルだけでいつでも事足りるわけではない、ということを物語っている。人間には、スキルだけでなく、幸せになるための動機も必要なのだ。それゆえに、応用ポジティブ心理学者の任務はより一層手ごわいものになる。

　では、よい一日をお過ごしください。あるいは、こう言うべきだろうか。よい一日が、あなたにふさわしいものだと思って、よい一日をお過ごしください。

3　チョコレートはあなたの人生に喜びをもたらすか？

Who Most Enjoys the Small Things in Life?

私は、大金を持ちながら、貧乏人のように暮らしたい。
——パブロ・ピカソ

お金と幸福の関係は、現代社会に生きる私たちの長年の関心事である。過去数年の間に行われたポジティブ心理学者たちによる数々の興味深い研究からは、少なくとも、お金と幸福の関係は複雑で理解しにくいという結論が出ている（省察5を参照のこと）。

さらに新たな、ジョルディ・コイドバック、エリザベス・W・ダン、K・V・ペトライズ、モイラ・ミコライザックが行った、好奇心をそそる一連の研究がある。裕福な人ほど、小さな喜びを深く味わうことが少ない——二〇一〇年、彼らはこの仮説の真偽をたしかめるための調査を行った(7)。私がここであえてこの論文を取り上げていることから想像がつくかもしれないが、興味深いことに、この問いに対する答えは「イエス」だ。

裕福な人々は、人生における小さな出来事に対して、あまり喜びを感じていないらしいのだ。これは、彼らがすでに大きなものを手に入れてしまったからなのだろうか？

この研究の結果が何を意味するのかは後々触れるとして、まずは研究について詳しく説明しよう。

コイドバックらは、二種類の研究を行った。最初に行った研究では、質問紙による調査と実験的手法とを組み合わせた方法が採られた。まずは、成人の研究参加者たち（ベルギー出身者）に対して標準化された質問紙調査を実施し、彼らの収入、ポジティブ感情を深く味わうタイプかどうか、そして彼らの全体的な幸福度についてデータを得た。この際、参加者たちの半数は、質問紙調査の直前にユーロ紙幣の写真を見せられていた。残り半数の参加者たちは何も見せられなかった。

分析の結果、富（収入）は、ポジティブ感情（あるいは小さな喜び）を深く味わう傾向を負の方向で予測した。また、事前に紙幣を見ることでも、それを深く味わう傾向を示すスコアが下がることが分かったのだ。別の分析では、それを深く味わう傾向を考慮した場合には、収入と幸福との統計的な関連性が弱まる、ということも明らかになった。

二つ目の研究では、成人の研究参加者たち（今度はカナダ出身者）の半数ずつにあらかじめ紙幣の写真を見せる・見せないというところまでは最初の研究と同じだが、その後、今度は質問紙調査ではなく、チョコレートバーを食べるよう指示した。そして、研究参加者がチョコレートを食べるときに、どれくらい楽しんでいるように見えるかを評価した。同時に、チョコレートを食べ終えるまでの時間を測定した（推定上は、この時間が長いほどより深く味わっている、ということになる）。ここでは、女性の方が食べ終えるまでの時間が長かったことから、統計解析の際に、性別の影響をなくす操作が行われた。結果、お金にさらされることで、チョコレートを食べる時間は短くなり、食べることを楽しむ度合いも小さくなることが明らかになった。

こうした結果から、研究者らは、**チョコレートバーを食べるといった人生の些細な喜びを味わう能力は、ただ富というものを想起するだけでも損なわれた**、と結論づけた。

さて、この研究に何かケチをつけることはできるだろうか？　それが、一〇〇パーセントできてしまうのだ。この論文が掲載されたサイコロジカル・サイエンス誌はインパクトファクターの高い雑誌であるが、よく「えっ！」と目を丸くさせる研究に対して、未解決事項を残すことを免責する。

コイドバックらが行った最初の研究について言えば、年齢や、深く味わった経験といった、研究結果に影響する交絡因子（注目する因子以外の因子で、結果に影響を与えるもの）が気になるところだ。同様に、二つ目の研究でも、研究参加者に与えられた種類の分からない「チョコレートバー」についても気になる。

私は、年を経るごとに自分の収入が増えるにつれて、唐辛子や海塩、ワサビなどの風味がつけられたデザイナーズチョコレートなるものの味を知った。いやはや！　それでも私は今でもハーシーズのチョコレートバーを好んで食べるし、ときにはM&M'S《エムアンドエムズ》のチョコレート二〇〇グラム以上を一回でぺろりと平らげてしまうことすらある。しかしそれはたんなるシュガー・ハイ（糖分による一時的な興奮）にすぎない。さて、そんな私に、「よい」チョコレートを深く味わうことなどできるだろうか？　本当に自分のことが心配になってくる。

さて、今度は研究結果を額面通りに解釈してみよう。お金を持っている人が、ハーシーズのチョコレートバーのような些細な喜びを堪能しないというのはどういう意味なのだろうか？いくつものことが考えられる。一つには、そのような人は人生の小さな喜びに慣れてしまっている、ということだ。そして、そんな人生の喜びは、もっと数え切れないほど多くあるのではないかと思う。もう一つには、そのような人の幸福感は、常にすごい額のお金を使わない限り減退してしまう可能性が高い。またもう一つには、そのような人には、お金持ちでない人のことが理解できず、人が何に満足するのかを知らない、ということもあるだろう。さらにもう一つには、そのような人のよい生き方の探求には終わりがなく、究極的には虚無感しか残らないとも考えられる。

聖書には、「富める者が神の国に入るのは、ラクダが針の穴を通るよりも難しい」とある（マタイ：一九章二四節）。ここにもう一つ、こうつけ加えるべきかもしれない。「富める者は、少なくとも富が彼らにとって極めて重要なものである限りは、この地上での時を楽しむことすら難しい」

4 日曜の午後、ダニエル・カーネマンと

Sunday Afternoon with Daniel Kahneman

二〇一〇年一二月一九日、ミシガン大学で冬季の卒業式が行われた。式典のメイン・スピーカーとして、プリンストン大学の心理学・公的行動《パブリックアフェアーズ》の教授であるダニエル・カーネマンが呼ばれていた。カーネマンは、二〇〇二年のノーベル経済学賞受賞者であり、行動経済学やポジティブ心理学の視点を含んだあらゆる分野に対して多大な貢献をしている人物だ。

冬の卒業式は、春の卒業式と比べるとかなり小規模だ。大学のフットボールの競技場で行われる五月の式典には何万人もの人が参加するのだが、それとは対照的に、バスケットボールの競技場で行われる冬の式典に参加するのは、卒業生とその家族や友人、合わせて数千人程度だ。

しかし、小規模で、より人と人との距離が近いからこそ、私は春の大きな卒業式よりも冬の小さな卒業式の方が好きだ。それに、規模が小さいほど面倒事は確実に少なくなる。駐車場探しはほとんど困らないし、出入り口の混雑もない。そして、博士号取得者全員の名前が呼ばれ、すべての学位取得者が壇上に上がり、各々の学部の学部長や、ときには大学の学長とも握手を交わすのだ。

さて、私は、昨年五月の式典での演者同様、この一二月の演者も楽しませてもらった。と言うのも、昨年五月のときの演者は何と、当時、大統領に就任したばかりのバラク・オバマだったからだ。

カーネマン博士については、私はずっと以前から彼の研究に注目し、高く評価してきたものの、個人的な面識はない。ちょうど先学期のポジティブ心理学の講義で、私は彼の考え方について何度も話した。そのためか、カーネマンが冬の式典のメイン・スピーカーであると聞きつけた多くの学生たちがひどく興奮して、私のところに「式典に出席することにした」と言いに来たほどだった。まだその学生たちの卒業式ではなかったのだが……。

名誉学位を受け取った後、カーネマンは一〇〜一五分ほどのスピーチをした。彼らしい、明快で、聴衆を刺激する見事な語り口で。地球上で最も賢い人間とは彼のような人のことを言うのだろう。ステージの上方に設置された特大ディスプレイに映る姿から判断するに、彼はキラキラと輝く瞳の持ち主でもあった。

式典会場の外で雪が舞う中、彼のスピーチは、ミシガン州での生活とカリフォルニア州での生活に関する研究の話からスタートした。ミシガンに住む人も、カリフォルニアに住む人も皆、口を揃えて、中西部よりも西海岸で暮らす方が幸せだと言うのだが、その理由は結局のところ、「気候がはるかによいから」ということらしい。ここで聴衆はクスクスと笑う。そして彼は、まだ私たちが十分に納得できていないとでも言わんばかりに、冬物のコートと手袋とマフラーを身につけた聴衆に対してこうつけ加える。「本当に、ここよりずっと過ごしやすいのですよ」

しかし、この話にはオチがある。実は、カリフォルニアに住む人々は、中西部で暮らす人々に比べて特に幸福というわけではないというのだ。気候はたしかに幸福感に影響するのかもしれないが、幸福に影響を与える他のあらゆる要因と併せて考えれば、気候の影響などあるかないか分からなくなってしまうという。人は、投げかけられた問いによって、カリフォルニアと中西部の相違点に着目するよう誘導されたのだった。そして両者の明らかな違いは気候であった。それゆえに、人々は中西部よりも気候のよいカリフォルニアに住む人の方が幸せだと思ったというわけだ。

こうした現象は、「**焦点を絞ることによる錯覚**《フォーカシング・イリュージョン》」と呼ばれるもので、幅広くさまざまな状況に適用されるものだ。比較によって何かを判断する際、人は自分が着目した事柄（今回の例では気候）に影響されすぎる傾向にある。

カーネマンは要点をまとめ上げてこう言った。「少なくとも皆さんが何かを考えている最中には、皆さんが重要だと考えるものほど重要なものは他には存在しないのです」。私の隣には同僚が座っていたのだが、この一言を聞いた瞬間、二人して思わず互いの顔を見合わせ、黙ったままで「ワオ！」と口を動かしていた。

スピーチの後半は、「経験の自己」と「記憶の自己」についての話だった。それぞれの自己の幸福は重要なものだが、二つの自己の幸福の決定因子は異なる、ということだ。彼は、卒業生（とその他の聴衆）に向けて、自分が価値を認めるものを適切に選択し、それにしたがって行動すべきだとアドバイスを贈った。彼は二つの自己の違いについて簡潔にまとめた。ここにそのまま引用しよう。

「記憶の自己の幸福は、自分が成し遂げた功績に影響され、経験の自己の幸福は、ポジティブ感情に影響されます。それは、他者の存在に起因するものです」（省察20、21、25を参照のこと）

カーネマン教授の意義深い考え方について、最後にもう一つ紹介しよう。それは、よい経験について私たち人間が記憶しているのは、その経験の終わり方だ、ということだ。二〇一〇年一二月にミシガン大学を卒業する学生たちの場合、彼らの大学生活は、現代の最も偉大な思想家の一人によるスピーチがなされた素晴らしい式典とともに幕を閉じた、というわけだ。

そして私にとっても、それは素晴らしい午後となった。その午後に素晴らしい経験をしたのと同時に、その午後が素晴らしいものであったと記憶している。

5 幸福はお金では買えない？

Money and Happiness

「幸せはお金では買えない」

これは、ポジティブ心理学研究が基となって世間に広まったと思われている結論の一つだ。しかし、それは問題だ。**こう結論づけるのは間違っている**からだ。実は、収入と幸せ（人生満足度）の間には、正の関係性があることが研究で示されている。

ただ、それは直線的な関係ではない。収入の増加に伴う人生満足度の上昇率は、収入が高い人ほど小さくなる。収入の増加が幸福度に与えるインパクトは、収入が最も低い人々で最も大きくなるのだが、だからといってお金が幸福にとって重要であることを否定する理由にはならない。たとえ、最低限必要なお金を手に入れてしまったとしても、やはりお金は幸福に影響するのだ。ポジティブ心理学者として我々ができるせめてものことは、自分たちのデータを慎重に扱うことだ。

たしかに、ほとんどの人にとって、収入は幸せであるための最も重要な要因ではないかもしれないし、まん延した物質主義を非難しようと思えば、そこには心理学的にも道徳的にも十分な根拠が存在する。ただし、少しであっても、お金はやはり重要だ。かつてメイ・ウエストもそれを認めていた。

「私はお金持ちになったこともあるし、貧乏になったこともあるの。それで分かったのは、お金持ちの方がいいってこと。本当よ」

お金と幸福について他にも分かっていることがある。異なる国々に暮らす人々の人生満足度の平均値を比較してみると、国の豊かさ（GNP）は、その国に住む人々の幸福度に対して強力な予測因子となっている。例外はあるものの、概して、最も幸福度の低い国は最も貧しく、最も幸福度の高い国は最も豊かだ。

ただ、国の豊かさが増しても、国民の幸福度は上がらないことを示すデータもいくつか存在する。この発見はパラドックスと言われるが、もしかするとこれは、国のサンプル数が不十分であることに起因しているのかもしれない。

私自身、年を追って給料が上がるにつれて、間違いなく自分の生活がより一層快適になっていくのを経験している。ここにも、お金と幸福の関係についていくらか手掛かりがあるのではないだろうか。ところで、ポジティブ心理学者は、「快楽」と「快適さ」とを明確に区別する。定義からして、快楽は一時的なもので、人は快楽を得てもそれに慣れてしまう。対照的に、快適さは、それがなくならない限り、意識の中心には置かれないものだ。私はこれをジョニ・ミッチェルの曲にちなんで「ビッグ・イエロー・タクシー効果」と呼んでいる。「ビッグ・イエロー・タクシー」は、人が何かを失って初めてその存在に気づくことを歌った曲だ。

我が家に初めてエアコンが来たときのことも、初めてカラーテレビが来たときのことも、私はよく覚えている。しばらくの間は、新・三種の神器ならぬ二種の神器の到来で、とても快適な気分で過ごしていた。しかし今や、エアコンやテレビなど当たり前になってしまって、機械が壊れない限りは、一昔前に感じた快適な気分など起こりもしない。そう、人生がみじめに感じられるのだ。もしかしたら、必要以上の収入を得られる幸運に恵まれた人の場合には、幸福に対する収入の価値は、快適さを買うことができるところにあるのではないだろうか。では、快適さはよいものだろうか？　私はそう思っている。いずれにせよ、私は、お金に困って生活に不便や不快感を抱いている人に対して、「お金は重要ではないよ」などと言うつもりは毛頭ない。

お金と幸福については、まだ他にも分かっていることがある。

二〇〇八年、米国科学アカデミー紀要（PNAS）に掲載された、ヒルキ・プラスマン、ジョン・オドハティー、ババ・シヴ、アントニオ・ランゲルの研究では、ワインを飲むときの人の脳の活動が測定された[8]。その結果、飲んでいるワインが高価なものだと分かったときの方が、安物だと分かったときよりも、快楽を司る脳の領域の活性が高かったというのだ。これには面白いオチがある。実はその二本のワインはまったく同じものだったのだ！

ことによると、裕福な人がより幸せであるのは、買い物により多くのお金を使っているからかもしれない。いずれにしても、私はぜひとも、この研究者らに第三の条件を試してみてもらいたい。「今飲んでいるのは本当に高価なワインなのだが、セールでかなり安く買った品だ」と伝えた場合には一体どうなるのか？　もしかしたら、ｆＭＲＩ装置をショートさせてしまうかもしれないが……。

二〇〇八年にサイエンス誌で発表されたエリザベス・Ｗ・ダン、ララ・Ｂ・アクニン、マイケル・Ｉ・ノートンの論文では、他人のためにお金を使うのであれば、お金で幸せを得ることができると結論づけられた[9]。論文では三つの研究について説明されている。

アメリカ人を対象とした第一の研究では、他人に贈り物をするため、もしくは慈善のために使う金額は、全体的な幸福度と正の関係にあることが示された。これは総所得を制御した（統計上、総所得の影響をなくす操作をした）場合でも同様であった（なお、研究者らは、総所得が幸福度を予測することも発見したのだった）。

第二の研究では、ある会社でボーナスを受け取ったばかりの従業員を対象に調査が行われた。結果、他人のために使ったボーナスの金額は、六〜八週間後の幸福度を予測した。一方で、自分自身のために使ったボーナスの金額は、幸福度の予測因子とはならないことが分かった。

第三の研究は実に実験的なものだ。二グループに分けた研究参加者の一方には五ドルを、他方には二〇ドルを渡し、両グループに対して、そのお金を自分自身のために使うか、他人のために使うか、どちらか選択するよう指示した。そして、幸福度が測定されたのだが、結果、他人のためにお金を使った人は、自分自身のために使った人よりも幸福度が高いことが分かった。ただし、使った金額は、幸福度とは関係がなかった。

この研究ではさらにもう一つの結果が示されている。前回の研究でお金を受け取った参加者たちとは別に、新たな参加者を集め、何が人をもっと幸せにするかを予想してもらった。すると彼らは、自分自身のために二〇ドルを使った人の幸福度が最も高くなるだろうと、間違った予想をしたのだ。

さて、これら三つの研究結果をまとめると、最も幸福度が高いのは、他人に高額な贈り物をした場合、ということになるのだろうか？　明らかに、ダンらの実験からそう結論づけることはできない（五ドルと二〇ドルでは違いがなかったことを思い出していただきたい）。科学者として好ましい言い方をすれば、「さらなる研究が必要である」。最も結論が明らかとなるであろう研究は、研究者が与えるような少額のお小遣いではなく、自分のお金から相当な額を他人のために使ってみるよう研究参加者にお願いすることだろう。

自分の最も貴重な所有物を人に贈与することで知られるアメリカ先住民のポトラッチの儀式は、ポジティブ心理学の視点から着目してみる価値があるかもしれない。もしかしたら、私たちも、独自のポトラッチの儀式を考案して、実際にやってみるとよいかもしれない。ただし、贈り物リストからカラーテレビとエアコンは除外することにしよう……。

6 幸福には代償が伴うか？

Does Happiness Have a Cost?

人間には幸福のほかに、それとまったく同じだけの不幸が常に必要である。
――フョードル・ドストエフスキー

ポジティブ心理学の理論と研究は、長きにわたる「幸せとバカ」という既成概念を一掃してきた。フレドリクソンによるポジティブ感情の「拡張―形成理論」[10]（broaden-and-build theory）をはじめとし、数多くの重要な人生の領域において、人生満足度が高いほどポジティブな成果を生み出しやすいことを示した、二〇〇五年のリュボミアスキー、キング、ディーナーのレビュー論文[11]に至るまで、今や、「よい気分でいることは望ましい結果につながる」と結論づけるための確固たる土台ができ上がっている。

こうした背景があったため、二〇〇八年にディヴェロップメンタル・サイエンス誌に掲載されたシモーヌ・シュナール、ヴィクラム・ジャズワル、クリスティーナ・ロウの論文には、当然注目が集まった。[12]その論文は、この結論とは相容れないものだったからだ。そこに示されていたのは、子どもを対象とした二つの実験だった。

最初の実験では、一〇～一一歳の子どもたちを二グループに分けて、一方にはよい気分を引き起こすとされる音楽を、他方には悲しい気分を引き起こすとされる音楽を聴かせた（意図した通りの効果が得られたかどうかは、マニピュレーション・チェックによって確認されている）。その後、全員に隠し絵課題（絵の中に隠されている図形や数字を見つけるテスト）が与えられた。この際、課題の得点として表れてくるのは、子どもたちの細部への注意力だ。結果、音楽を聴いてよい気分になっていた子どもたちの得点は、悲しい気分になっていた子どもたちの得点よりも低かった。

第二の実験では、六～七歳の子どもたちに、よい気分、普通の気分、悲しい気分のいずれかを引き起こす短いビデオクリップを見せた（やはりここでもマニピュレーション・チェックにより効果はたしかめられている）。第一の実験同様、その後全員に隠し絵の課題が与えられた。すると、子どもたちのうち、普通、または悲しい気分になっていたグループには差がなかったのだが、よい気分になっていたグループは他の二つのグループと比べて得点が低かったというのだ。

メディアがこの結果に目をつけて、誤解を招くような見出し（「なぜ悲しみがよいのか」など）で記事にしてしまう前に、この研究をコンテクスト（文脈）とともに見てみよう。取り急ぎ言っておくが、この研究はよくできていて、興味深く、重要なものだ。

まず、この研究では、幸せな子どもが学校で悪い生徒であるとは言っていない。そんなことはすでに誰もが分かっていることだ。加えて、シュナールらも認めているように、幸せはもっとクリエイティブな思考と関連していることもすでに分かっていることだ。細部への注意力は重要な能力だが、それだけで学業で優秀な成績を修めたり、人生で成功したりするのに役立つ能力をカバーできるはずがない。

次に、この研究では、不幸せな子どもがよい生徒であるとは言っていない。これはもはや論外だが……。

第三には、これが一番起こりやすい誤解の元だが、この研究の中に出てくる幸せ（よい気分でいる状態）や不幸せ（悲しい気分でいる状態）は必ずしも「性格特性」として論じられてはいない。この研究は、心理学者が「状態」と呼ぶ、一時的に引き起こされた気分について論じたものなのだ。

研究の結果が示しているのは、よい気分が、いくつかの特定の状況において、特に細部への注意力が必要となるような場合に痛手となり得る、ということだ。

私がこれほどまでにくどくなるのには理由がある。このような研究結果がむやみやたらに一般化され、まん延してしまうのを未然に食い止めたいからだ。特に、悲しみやうつ、悲観主義、またはこうしたネガティブな心理状態が、いくつかの特定の状況下では有益に機能することを示した研究に対して、あからさまに大喜びをするようなメディアの人々には要注意だ（特定の状況下で有益に機能するのは、幸福感や、熱意、楽観といったポジティブな心理状態もまた同じことだ）。

ポジティブ心理学は、絶えず陽気でいることや幸せになることを人に執拗に推奨していると、ときおり批判されることがある。私は、信頼できるポジティブ心理学者の誰一人としてそんなことは勧めていないと思っている。いずれにせよ、こうした研究例を利用して、不幸せを正当化したり、うつを美化したりと、別の方向に向かって過剰に反応することだけはしないようにしてもらいたい。

私が、極めて公平な立場に立って忠告をするとすれば、**自分の気分をきちんと管理し、自分が置かれている状況に応じて気分を調整することが奨励されている**、と言っておきたい。

ようするに、目まいがするときには、論文の校正や確定申告の計算をチェックすべきでない。また、落ち込んでいるときには、自分の人生を根底から変えてしまうような計画は絶対に立ててはいけないし、新しいプロジェクトについてブレインストーミングをするのも避けるべきなのだ。

7　幸福と遺伝性

Heritability and Happiness

ポジティブ心理学研究で最も頻繁に引用されるのは、「**幸福は、遺伝と、環境と、自発的な活動との組み合わせの結果である**」とする結論だ。この結論はもっともなものだ。実にこの結論は、ほぼすべてのいかなる人間の特徴にも当てはまる、事実上のトートロジー（同語反復）だ。

そこからさらに踏み込んで、幸福の構成要素の重み《ウエイト》を加味して、その合算として示す「幸せの方程式」を提唱しているポジティブ心理学者たちもいる。その方程式に用いる各要素の重みは、サンプル数の大きな研究に裏づけされたものだ。代表例は、遺伝に五〇パーセント、環境に一〇パーセント、自発的活動に四〇パーセントの重みをつけるというやり方だ。もう一度言うが、この結論はもっともなものであることは間違いがない。事実、私が読んだ限りの研究論文の内容が反映されたものでもある。ただし、重みの正確な数値というのは、常に、その数値を導き出したサンプル（研究対象の母集団）の関数だ。

さて、私が言いたいこととは何か？　それは、**一個人の幸福について、集団のサンプルを基にして解析するのと同じ方法で解析できるなどと考えるのはまったくとんでもない**、ということだ。それは、一時的な幸福であっても、全体的な幸福であっても同じことだ。

サンプルとして集められた人々を見た場合、おそらくその人たちの幸福度の違いのうち五〇パーセントが遺伝的な差異に起因すると考えてもよいだろう。しかし、たとえばジョーという人物の、職場での昇給とか、大好きなスポーツチームの勝利とか、家族と過ごす素晴らしい週末とか、そのような出来事によって短期的に高まる幸福度についても、そのうちの五〇パーセントが遺伝によるものだとは言い切れない。そんなことは実にナンセンスだ。「五〇パーセント」と言うとき、それは最初の五〇パーセントか、それとも二番目の五〇パーセントか、はたまたそのどちらでもない五〇パーセントという意味で言っているのだろうか？　これは、第一次の範疇誤認《はんちゅうごにん》だ。

昔、こんな問いを耳にしたことがある。

「長方形の面積には、高さと幅、どちらがより大きく影響しているのだろうか？」

これがとんだバカげた問いであることは考えなくても分かるだろう。もちろん、大きさの異なる長方形の「サンプル」をもって同じ質問をされれば、そのサンプル全体に対して一つの答えを出すことは可能だ。しかし、「重み」については、そこで出た答えを一般化して、別のサンプルで大きさの異なる長方形に当てはめることはできない。そして、どんな場合であれ、取り上げる長方形のサンプルによって、答えはまったくバラバラとなるはずだ。

幸福や、幸福の決定因子について考察するときにも、これと同じことが言える。ただ、長方形の例よりも、ポイントを掴むのが難しくはなる。

まずは遺伝的影響について見ていこう。ある特徴の「遺伝性」と言うときの専門的意味は、人々における差異のうち、人々の遺伝的要因の差異に起因するものの割合のことを指す。そのため、遺伝率の推定値（幸福でいえば五〇パーセントという値）というのは、個人ではなく集団に適用されるものだ。

ここで、遺伝性を、「遺伝的に受け継ぐ」というシンプルな概念と絶対に混同してはいけない。「ジョーの瞳の青い色は母親から受け継いだものだ」と言うことはできるかもしれないが、★「ジョーの幸福（あるいは幸福の五〇パーセント、あるいは何パーセントでも）は、母親から受け継いだものだ」と言うことはできないのだ。

さて、この議論は、幸福のまた別の要素と、その重みについても当てはめることができる。その要素とは「環境」だ。環境と言うとき、そこには人が意図せず住むことになった国も含まれる。たとえば、ノルウェーとスウェーデンの比較に基づいて環境要因に重みづけをした場合、そこから導かれる結論は、「住む場所はあまり重要ではない」というものになる。

しかし、たとえばスカンジナビア諸国とサハラ以南のアフリカ諸国との比較に基づいた重みづけがなされれば、環境の重みはもっとずっと大きくなってしまう。

もっとはっきり言うならば、ある特定の人物について、その人がたまたま住んでいる国によって、その人がどれくらい幸福であるかを語ることなどできない、ということだ。私たちが語れるのは、しょせんは人間集団に関する一般法則にすぎない。

先に示した「幸せの方程式」を提唱しているポジティブ心理学者たちが、一人ひとりの人間の幸せ、あるいは一人ひとりの人間が経験する、ある特定の瞬間の幸せに対して、その方程式と重みとを当てはめるつもりでいるのかどうか、私にははっきりとは分からない。ただ、分かっているのは、少なくとも読み手側は、こうした飛躍をしょっちゅうしている、ということだ。幸福について書かれた、世間で人気のある一般書を読んだことのある私の学生たちが、そのような浅薄な理解をしていることが信じがたいほど頻繁にある。そのため私は、学生たちに遺伝性の説明をするときには、特に多くの時間を割くようにしている。

エド・ディーナーは、『主観的ウェルビーイングの科学』（*The science of subjective well-being*、未邦訳）という本の中で、幸福に関するいくつかの神話をめぐって重要な考察を展開している。同著の中で、「神話2：ウェルビーイングの要因が、影響力の円グラフとして解釈され得ること」という小見出しの項で、私と同様の主張をしている[13]。

その主張の中で、彼はとても優れた例を用いていた。それは、死亡率だ。研究サンプルとしての人について見れば、がんや脳卒中、事故、殺人、マラリアなどが人間の死因の代表例だと言える。そしてこの中には、他の要因と比べて格段に発生確率の高い要因もあり、それらは他の死因よりも重要な死因であると考えられる。しかしこれはあくまでもサンプルの中での話だ。

世界中のほとんどの地域では、マラリアによって人が死亡する割合はそう高くない。しかし、マラリアが原因で亡くなった人にとってみれば、そんな割合の話などまったく慰めにはならない。それに、ほとんどあり得ない話ではあるが、マラリアが原因で死亡する割合が低いからといって、マラリアが発症する地域に住んでいながら適切な予防をしないなど愚かなことだ。ディーナーはこの本の中でこう結論づけている。(14)

こうした数値（重み）は、ときに、もっと幸福になるために何を変えるのが最も有益であるかを一般の人々に示す指針《ガイド》となる。しかし、個人内の幸福における変化の原因は、個人間の幸福の差異の原因とは異なるはずだ……たとえば、ある人にとっては、宗教的信仰を持つことによって、計り知れないほど幸福度が高まるかもしれない。それは、集団の中で、宗教の違いに起因する個人間の差異がわずかであってもそうなのだ。円グラフの考え方は、明確でシンプルであるため、魅力がある……しかし、それは、誤《ミ》った方向《スガイド》へと導く指針となってしまうかもしれない。

ポジティブ心理学の存在意義は、ポジティブ心理学が研究に基づいていることにある。そして、研究は、正しく理解されなければならない。

★　瞳の色の「遺伝性」はとっつきやすい例なのだが、瞳の色ですらもこんなにシンプルなものではないと私は思っている。ここでは、幸福の遺伝性について、漠然とポイントを掴んでもらえればありがたい。

8　笑顔と長寿——試合の顔《ゲームフェイス》と生活の顔《ライフフェイス》

Smiles and Longevity: Game Faces and Life Faces

「デュシェンヌ・スマイル」と結婚生活の満足度について調べた、リーアン・ハーカーとダーカー・ケルトナーによる研究は、ポジティブ心理学研究の中でも寓話的なものの一つである。(15)

彼らは、サンフランシスコ湾岸地帯《ベイエリア》の女子大学の一九五八年と一九六〇年の卒業アルバムに収められた一一四枚の写真を分析した。そこに写っていた女子学生は、三人を除いて全員微笑んでいたのだが、その微笑み方は皆同じではなかった。何人かは、デュシェンヌ・スマイルと呼ばれる、嘘偽りなく幸せな気持ちが顔全体に現れた表情をしていた。

デュシェンヌ・スマイルかどうかを判断するには、目の周りの筋肉の収縮、いわば「シワの程度」が指標となる。デュシェンヌ・スマイルでない学生の表情は、「客室乗務員スマイル」と呼ばれる、口元だけで微笑む笑顔だった。卒業アルバムに写っていた笑顔をすべて分析し、一〇段階評価で「デュシェンヌ・スマイルらしさ」を評価したところ、スコアの平均は三・八であった。

卒業アルバムという特定の写真が分析の対象として選ばれたのは、そこに写っている女性たちが実はある大切なライフイベントに関する長期的研究の参加者であったからだ。具体的に言えば、研究者らは、写真の女性たちがその数十年後に結婚しているかどうか、そしてその結婚に満足しているかどうかを知っていた。そして結果的には、卒業アルバムの写真から得たデュシェンヌ・スマイルらしさのスコアが、その両方の結果を予測することが分かったのだ。つまり、卒業アルバムの写真の中でポジティブ感情（幸福感）が表情に現れていた女性は、おそらく日々の生活の中で他の場所でもそういう表情をしていたのだろう。中年になった彼女たちは、よりよい結婚生活を送っていたのだった。

ここで懐疑論者は、身体的な魅力といったいくつかの考え得る交絡因子の操作がきちんとなされているのかという疑いを持つかもしれない。皆さんにとって、「身体的な美しさが幸せへの近道である」という考えはほとんど間違っているという事実はさておき、美しさは今回の結果の主要因ではなかったようだ。実は、ハーカーとケルトナーは、写真の人物の身体的魅力も数値化していた。その数値は、デュシェンヌ・スマイルらしさとほとんど関係がなく、身体的魅力が結婚の満足度を予測することはなかったのだ。

この研究は興味深く刺激的なものだ。私は、幸福やポジティブ心理学について話をするときには、いつでもこの研究の話をするようにしている。

そのため私は、デュシェンヌ・スマイルに焦点を合わせたもっと最近の研究について興味を持ちながら読んでみた。その研究で扱われたのは、一九五二年のメジャーリーグの野球選手たちの写真であった(16)。選手の表情は、「笑顔がまったくない」、「部分的に笑顔だ（デュシェンヌ・スマイルではない）」、「満面の笑顔だ（デュシェンヌ・スマイル）」の三段階でコード化された。コード化の内訳は、順に、四二パーセント、四三パーセント、一五パーセントとなった。

解析の対象は、二〇〇九年六月の時点ですでに他界していた一五〇人の選手に絞られ、寿命という観点で分析が行われた。結果は、笑顔がまったくなかった選手の平均寿命が七二歳、部分的に笑顔だった選手の平均寿命が七五歳、そして満面のデュシェンヌ・スマイルだった選手の平均寿命が八〇歳だった。この差は統計的に有意なもので、身体的魅力を含む、考え得るすべての交絡因子は制御されている。そして、これは統計的に意味があるだけではない。まさに正真正銘、**意味のある**有意差だ。結果について、額面通りに解釈すれば、デュシェンヌ・スマイルは、五〜八年分の長生き、しかも幸福な長生きに相当することになる。

さて、私はずっとスポーツファンだ。もしかすると私がそう思っているだけかもしれないが、私が思うに、「試合の顔《ゲームフェイス》になる」というときの意味合いが、年々変わってきているような気がする。一昔前、スポーツ界では、自信に満ち溢れ、自制の効いた表情をすることに最善の気を配る選手がいた一方で、自分の気持ちを悟られないようにする（ポーカーフェイスの）選手がいた。しかし最近では、多くの選手たちが、しかめっ面をしたり、ひどく怒った表情をしたりするようになってきた。このところ、ＮＣＡＡ（全米大学体育協会）のバスケットボールのトーナメントが行われている間、私は何やら、動きの噛み合わないハカのダンス（ニュージーランドのマオリ族の民族舞踊）を四〇分間見ているような気分になった。

試合の顔というのは、相手選手を威嚇し、選手としての自分自身を鼓舞するための戦術だ。試合の顔がたんなる戦術であるならば、別に何ら構う必要はない。しかし、試合の顔が、選手の普段の生活における姿勢を反映したものだとしたら……つまり、試合の顔が、普段の生活の顔《ライフフェイス》でもあったとしたら、私は昨今のスポーツ選手のことが心配になる。私は、スポーツ選手がもっとよく笑うようになるのを願っている。試合や大会の最中とはいかないまでも、せめて、その前後には。

念のため忠告をしておくが、ここで紹介した研究では、笑顔が長寿の要因だったわけではない。**笑顔はたんに、選手たちがどう生きているか、幸せなのかそうでないかを示す指標にすぎない**。愛想笑いをしたところで、長く生きられるわけではない（省察49を参照のこと）。しかし、ポジティブ心理学者たちによって、幸福が長続きすると証明されたことを実行するのは、皆さんにとってきっと有益なはずだ。

たとえそうでなくても、皆さんはこの先の人生で、よりよい時間をより多く持つことはできるだろうし、皆さんと接する人もまた同じように、よりよい時間をより多く持つことになるはずだ。

9 幸福のよそ者たち《アウトライアーズ》

Happiness Outliers

マルコム・グラッドウェルの『天才！ 成功する人々の法則』（*Outliers*《アウトライアーズ》、勝間和代訳、講談社）を読んだ人はたくさんいると思うが、私もその一人だ。[17] これは、成功に対する彼の見解と、実際に成功した人々について書かれた本だ。彼の他の本同様、『*Outliers*《アウトライアーズ》』はとてもよく書かれた一冊で、刺激的な内容だ。ここでちょっと、ポジティブ心理学モードを小休止して、彼のような才能溢れる執筆家が同じこの世界にいるという幸運に感謝しようではないか。

グラッドウェルは、ジョン・D・ロックフェラーやビートルズ、そしてビル・ゲイツが成し遂げたような、広く世に知られた成功というものに関心を向けている。こうした並外れた成功というのは、ポジティブ心理学ファミリーの構成要員としては見落とされることが多い。ポジティブ心理学については、人の心をほんわかと暖かく和ませてくれるようなものにもっと大きな関心が寄せられている。幸福、希望、優しさ、愛など、自分の胸に抱き締めたくなるもので、同時に自分を抱き締め返してくれるようなものだ。しかし、「成功」というと、こうしたものとは対照的に、エリート的で排他的なイメージがあるため、多くの人たちにとって、とてもではないが抱き締めたいと思えるものではないわけだ。

とは言うものの、「成功」が極めて重要なテーマであり、生きるに値する人生に寄与することは明らかだ。

『Outliers《アウトライアーズ》』の中で展開されている議論では、私の知る研究について公正な見方がなされている。

まず、驚異的なことが成し遂げられるとき、その原因は、ある一個人が天才だったからという単純なものではない。才能は大事だが、それだけでは不十分だ。むしろ、成功というのは、一個人を取り巻くあらゆる外的な要因が揃うことによって成り立つ。つまり、然るべき時と場所に誕生し、適切なリソースが手に入り、指導や激励が受けられるといった要因だ。誰一人、他人の助けなしで成し遂げる人などいない。独力で成功を収めた人などいない。徹底した個人主義は、徹底的に間違っているのだ。

次に、偉業が成し遂げられる前には、そのために必要な技術がどんなものであれ、何年もかけてそれを磨いて完成させる人がいなければならない。グラッドウェルは、それには最短でも一万時間は必要だと言っているが、おそらくこれでは少なすぎる。成功について研究している心理学者たちはよく、「一〇年の法則」の話をする。ある特定の分野で重要な功績を残す人たちはたいてい、そのために必要な知識やスキルを身につけるのに丸一〇年という年月を費やしているという。そして、その話をするときに心理学者がいつもつけ加えるのが、「一二時間×七日の法則」というもので、その一〇年間、一日一二時間、週七日間を鍛錬のために費やす必要があるというのだ。気が滅入る話だろうか？　無理もない。しかし、「アメリカン・アイドル」（全米で人気を誇る公開オーディション番組）だろうと、傑出した何かを身につけるためには近道など存在しない。

この結論は、多くの若い人たちには歓迎されないだろう。先日、私が電車に乗っていたとき、隣に座った若い女性と、彼女のキャリアに対する志について話をした。私は、一〇年の法則の話をやんわりと出してみたのだが、彼女は「ポジティブなイメージを描くこと」の方が有益だと、すぐに話題をそちらへ変えてしまった。それでも私はしつこく主張を続けた。自分の中にある熱意や興味を見つけ出すとか、名刺を作るとか、ウェブサイトを立ち上げるとか、もしくは、こんなことは決してないことを願うが、ただ成功を思い描いて切望するとか、成功するために重要なのはこういったことであって、これらがクリアできれば成功はさほど難しくない、あるいは一夜にして成し遂げられるものだと考えている若者について、そのような考え方が間違っていることを知りながら放っておくのは無責任というものだからだ。

続いて、グラッドウェルは、成功の「**レガシー（遺産）**」の役割というものを強調している。これはつまり、人が生まれ落ちた場所の文化的集団のアフォーダンス（環境のさまざまな要素が人間や動物に対して与える「意味」のこと）のことだ。そして、成功のレガシーは、特定の時や場所において、特定の領域での成功を可能にする。たとえば、グラッドウェルは、一世代前のユダヤ人の法律家たちについて書いている。その法律家たちは、エリート（すなわち、WASP・アングロサクソン系白人プロテスタントによって構成される階層）による法律事務所への就職が叶わなかったために、自分たちで法律事務所を立ち上げた。彼らを「よそ者」として拒絶したエリート法律事務所は、ときおり依頼のある企業買収など、特定のいくつかの種類の案件を扱うことも拒絶した。必然的に、その案件は、「よその」法律事務所に転がり込んでくるわけだった。後々、ビジネスや法曹業界の様相が変わり、企業買収がごく一般的でこの上なく儲かる案件となったとき、誰がその儲けを手中に収めたかは容易に想像がつくだろう。

最後に、『Outliers《アウトライアーズ》』でのグラッドウェルの考え方は、別の種類の成功に対しても適用できる、ということを示しておこう。その成功とはつまり「幸福」だ。ここで私が言いたいのは、人生満足度尺度の平均点より少々上のレベルの幸福のことではない。私が言いたいのは、常識を大きく突き抜けた、桁外れの幸福のことだ。それは外向性の躁病とも違う。そうではなく、太陽の光の中を歩む人生を送り、その人を見た周囲の人間はただ頭を横に振って「すごい」の一言しか出てこないような、そういうレベルの幸福のことだ。

誰もが、こういう並外れて幸福な人生を送っている人物を二人か三人は知っているだろう。そういった人たちは、ただそうなるように生まれてきた、ということなのだろうか？　それとも彼らは、どんな環境に生まれても同じように幸福なのだろうか？

グラッドウェルの本を基に推定すれば、答えは「ノー」だ。陽気な気質や、健全な愛着は、幸福になるための土台にはなるかもしれない。しかし、幸福のよそ者《アウトライアー》は、成功のよそ者《アウトライアー》に劣らないくらい、幸福を無効にする要因は持ち合わせていない。それだけではなく、幸福を可能にする要因（多く自分の外的な要因として持ち合わせているもの）がいくつか重なることで幸せが引き起こされる様子も体現している。

これは宿命論的であり、間違いなく自己啓発本の一ページ目とは反するものだ。しかし、成功のよそ者《アウトライアー》の人生には、長年の継続した鍛錬が必要であったことを思い出していただきたい。より幸福になるための方法はいくつもあるが、それらの方法を完成させるには何年もかかるはずだ。研究によって立証されているが、幸福度や人生満足度は、年齢に応じて上昇するわけではない。データをストレートに解釈すれば、この研究結果の意味するところは、「人はもっと幸福になろうとしない」ということか、「人は幸福になるための方法を知らない」ということかのどちらかだが、後者の可能性の方が高いだろう（省察49と50を参照のこと）。

これには、ポジティブ心理学が長期的に貢献していけるのではないだろうか。しかし、ポジティブ心理学者たちは、もっともらしい方程式を示すだけでは不十分で、それ以上のことをしなければならない。また、こんな注意書きも添える必要があるだろう。

「（幸福になるには）とても長い時間がかかります！」

さて、幸福のレガシーについて、何が言えるのだろう？　グラッドウェルのレガシーの話は、彼の本の中で最も面白い部分であると同時に、最も根拠の弱い部分でもある。「文化」という言葉の持つ意味には無秩序な広がりがある。ただ、グラッドウェルは、成功について説明するために、文化の一つの側面にのみ焦点を絞ったため、文化という言葉に含まれる他の極めて重要な側面を無視しなければならなかったのだ。

彼は、東アジアの学童の算数の成績がよい原因として、中国、日本、韓国が米食中心の社会であることを指摘している。米を育てるのは大変なハードワークであり、そういう文化的な知恵や教訓が学校の教室の中にも反映されていることが予想できるというわけだ。それは、学童自身が、お米農家の子どもや孫でなくても同様だそうだ。たしかに、それは事実だろう。

しかし、東アジアの文化には他にもさまざまな特徴があり、それらも同じくらい重要なはずだ。グラッドウェルは、そのうちのいくつかについて言及している。たとえば、東アジアの言語では、「数字」の読みが短くて、全体に一貫性があることを挙げている。しかし彼は、中国、日本、そして（一四四六年までの）韓国における書き言葉が、西洋のアルファベットを書くのとでは必要となる脳領域が異なっているという事実には触れていない。また、勤勉を褒め称え、教師を尊敬のピラミッドの一番上に据える儒教についても言及していない。儒教は、東アジアの国々に何世紀にもわたって影響を及ぼしてきた。

話が少し本題からそれてしまったが、幸福のレガシーとはどのようなものなのだろうか？それはおそらく、よい生き方や、満足度の高い人生につながるあらゆる要素、すなわち、家族や友人、地域社会、自由、忍耐、献身、意義、目的などを重視する文化のことだろう（省察38を参照のこと）。それは、快楽主義や物質主義、そして無慈悲な競争を重視するような文化ではなさそうだ。また、卑劣さを容認し、それに報酬を与えるような文化ではない、ということだけはたしかだろう（省察31と33を参照のこと）。

そうは言っても、幸福のレガシーというのは、もっと局所的なものではないかと私は薄々感じている。いや、実際に、ティップ・オニールの言葉を借りれば、すべての幸福のレガシーは局所的なのかもしれない。

ここで励みとなるのは、局所的な文化は変わり得る、ということだ。グラッドウェルは、レガシーの変化についていくつか面白い例を挙げている。

一つは、かつて安全性にひどく問題を抱えていた大韓航空の話だ。昔の大韓航空では、尊敬や服従が文化的に最重要視されていた。そのため、たとえ飛行機が針路を外れて危険な状態にあろうと、副操縦士が操縦士に対して異論を唱えることは絶対に許されなかった。そのせいで、大韓航空は大きな事故を何度も起こしていた。しかしその後、操縦室で英語を使用することが義務づけられたことで、単刀直入に意見が言えるようになり、その結果、安全性が著しく回復したという。

もう一つ、グラッドウェルは、高い評価を受けているKIPP《キップ》（「知は力なり」プログラム）スクールにおいて、生徒たちの文化的レガシーが変化した話にも触れている。私が見たところでは、KIPP《キップ》スクールはアメリカの都市部に東アジア人のクラスを設立しているようだが、これは驚きだ。

では、幸福の文化的レガシーはどのように作り出したらよいのだろうか？　私が書いた他の省察を読んでもらえれば、答えは分かるはずだ。それは、「**他者は大切だ**」（Other people matter）という文化を浸透させることだ。それも、たんなるスローガンとして掲げるのではなく、時間をかけて、熱心に、こつこつと働きかけ続けることが大切だ。

10　クリエイティブと「型」――一万時間の法則について

First, Think Inside the Box

ゲームのルールを知ることが大事だ。そしてルールを学んだ後は、誰よりも上手にプレーするだけだ。

――アルバート・アインシュタイン

私が普段使っている決まり文句の数は人並みだと思うが、絶対に使うまいと決めているものがいくつかある。理由は、それらの決まり文句に私がひどく嫌悪感を抱いてしまったからだ。そのうちの一つが、「枠にとらわれない考え方をしよう」というものだ。★　いやはや、この考え方こそ枠にとらわれているのではないだろうか！　今、この省察を書きながら、この言い回しをグーグルの完全一致検索にかけてみたのだが、ヒット数は実に一二〇万件であった。

この言い回しによって伝えようとしていること、すなわち、物事を新しい視点で見ることが大切だという趣旨に対して異論はない。それが、クリエイティブな行動や、クリエイティブな人物を決定づける特徴であることは間違いないからだ。しかし、だんだんと、まるでクリエイティブであることを決定づける特徴がこれだけであるかのような使われ方を耳にすることが増えてきた。

クリエイティブであるためには、新規性（**枠の外側**に当たる部分）に加えて実用性も必要であり、実用性を備えるためには既知の事柄（**枠の内側**に当たる部分）を一度は通り抜けなければならない。この考えには、クリエイティビティについて真剣に考えている人のほとんどが同意するはずだ。

「自分は枠にとらわれていない」などという発言を聞くと、私はいつもうんざりしてしまう。真にクリエイティブな人たちが自分のことをこのように表現するのをほとんど聞いたことがないからだ。それに、私が懐疑的になるのにはもう一つ理由がある。それはこの、自称「枠にとらわれていない」人々が、「広く一般に認められた物事については知っている必要がない」と言っているのをよく耳にするからだ（ときに私が偏った聴き方をしている場合もあるかもしれないが……）。

私は教育者として、自分の教え子たちには「型通り」というのがどういうものであるかを知

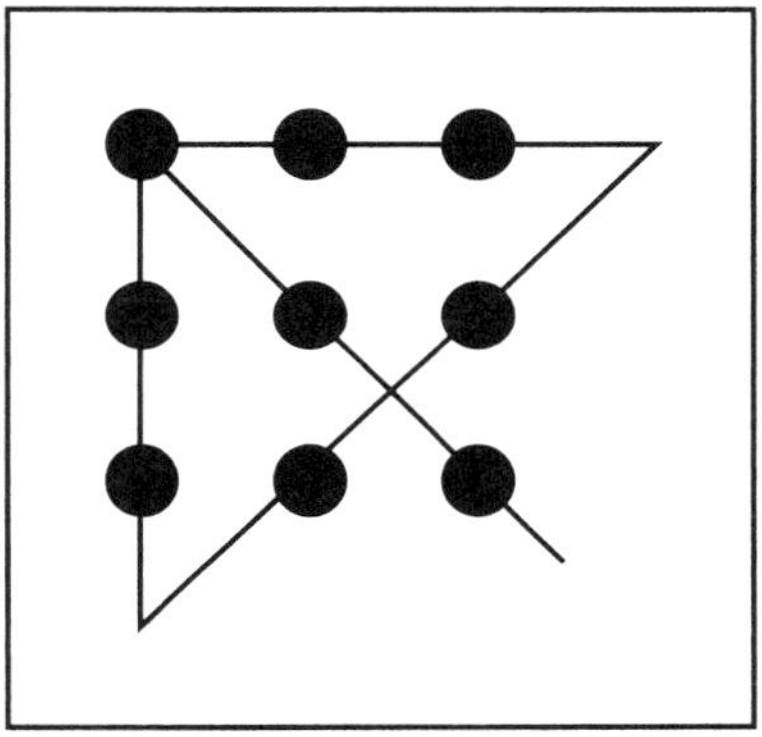

図1　ナイン・ドット・パズル

ってもらいたいと思っている。これは何も、学問や知性の現在のあり方を擁護するためにこう言っているのではない。型通りというのが何であるかを知って、いったん基本をマスターすることでしか、有意義な型の破り方を身につけることができないからだ。

並外れた成功について研究している心理学者たちは、科学であれ、音楽であれ、あるいは芸術であれ、「一万時間の法則」というものが適用できると言っている。この法則は、ある分野で何か傑出した成果を上げるためには、当該領域について知り尽くすのに一万時間以上かける必要がある、というものだ（省察9を参照のこと）。練習、練習、練習……とにかく練習あるのみだ。しかも、練習というのは、多くの場合、型通りでなければならない、ということを理解しておこう。

一度も枠の外に出ることがなければ、おそらくクリエイティブにはなれない。しかし、一度も型にはまることがなければ、間違いなく愚かな人間になるだろう。

★　この言い回しのそもそもの出処は明らかでないが、「ナイン・ドット・パズル」（図1参照）の影響で一般に広まったようだ。今や経営コンサルタントの必需品になっているこのゲームでは、こんな課題が出される。「九つの点を、四本の直線を使って、一筆書きで結ぶことができるか？」。すぐに四角を描きたい衝動に駆られるのだが、それではこの問題を解くことはできない。問題を解くためには、九つの点の並びによって作られている四角い枠の外にまで線を伸ばすことを思いつかなければならない。

11 他者の不幸を喜ぶ

Joy in the Misfortune of Others: Sports and Beyond

他人の苦悩による慰めなど愚にもつかないものだ。

——キケロ

ドイツ語の「シャーデンフロイデ」とは、他人の不幸を喜ぶ気持ちを意味する言葉だ。誰でもときにはこの手の喜びを経験することがある。しかし、中には、ほとんどいつでも他人の不幸を喜んでいるような人間もいる。他人の不幸に対する喜びというのは、ポジティブ心理学が扱うオーソドックスな研究テーマの近縁種だが、邪悪なものだ（省察40を参照のこと）。「近縁」とはいえ、それがどれくらい近いのか、またはどれくらい遠いのか、私には分からない。ここでは、この問題について、これから一緒に考察していきたいと思う。

先週、オハイオ州立大学のフットボールチームで選手たちの不正行為が発覚し、それに対する非難の声が高まったことを受けて、チームの監督であるジム・トレッセルが辞任したというニュースが流れた。それ以来、一週間ずっと、私はこのシャーデンフロイデについて考えていた。本当は何が起きたのか……選手たちが何をしたのか、監督がどこまで知っていたのか、また、監督がいつそれを知ったのかなど、何も分からない。しかし、いずれにせよ、私は一人のスポーツファンとして悲しかった。私の楽しみであるフットボールの試合を冒涜されたからだ。

規則を破った人間は当然罰を受けるべきであるし、それを否定するつもりはないのだが、ただ、誰かが処罰されるというのは、たとえそれがどれほど妥当なものであっても、自分に喜びをもたらすような出来事ではない。しかし私は、ミシガン大学のフットボールチームの中でこのように考えているのは私一人しかいないのではないか、と感じていた。

仕事の行き帰り、私はよく車の中で地元ラジオ局のスポーツトーク番組を聴いている。電話で参加するリスナーはだいたいがミシガンチームのファンなのだが、この一週間の彼らは、バックアイズ〔オハイオ州立大のフットボールチーム〕とその監督に起きた不幸に対してまったくもって大喜びの様子であった。

彼らの喜びが、妥当な期待、すなわち、ライバルチームの〔汚れはしたが〕優秀な監督の辞任はもとより、オハイオ州立大のフットボール選手に対する奨学金の取り止めや、ボウル・ゲーム〔レギュラー・シーズンの上位校で争われる、フットボールの大学間試合〕への出場権の剥奪といったことがきっかけとなって、今後、ミシガン大学が享受するであろう利益のことを期待して喜んでいるというのなら、私ももう少し理解はできる。私の中の党派心にも、こうした考えがよぎる瞬間はあった。しかし、私がラジオで聴いたファンたちの声の大半は、単純に、とてもではないが純粋とは言えない心で、何の根拠もなく喜んでいるようだった。

　何がどうなっているのだろう？　**ポジティブ心理学は、ポジティブが本物で、嘘偽りのないものであるとの見解に立っている。**明言されてはいないものの、**必然的に、ネガティブもまた本物で、嘘偽りのないものである**と私は思っている。ここでのネガティブとは、度を超えた義憤からくる憎悪★のことだ。

　この世界には、憎悪に値する、真に悪である物事も存在する（疫病や貧困、偏見など）。そういったものが消えてなくなるのを喜ぶことは、道徳的にまっとうなことだ。しかし、今話しているのは、何と言ってもフットボールチームの話だ。過去一〇年におけるトレッセル前監督の対ミシガンの成績は九対一だ。まさか、これが理由で彼を憎み、そのために彼の失脚を大喜びしているというのだろうか？

　私は生涯カブスのファンだ。しかし、カブスに対抗するホワイトソックスのことも、カーディナルズのことも、メッツのことも、フィリーズのことも……（とても長いリストになりそうだ！）、どんなチームに対しても決して負けることを願ったことなどない。私はただ、自分の応援するチームが活躍することを願っている。それ以上でもそれ以下でもない。ミシガンのフットボールチームについても同上である。

ポジティブ心理学は多くの場合、幸せ（喜びの程度が著しく大きいもの）を研究対象とする。しかし、それは何に対する幸せなのだろうか？　典型的な調査では、たんに回答者が「満足しているか」、「幸せであるか」、「嬉しい気持ちであるか」を聞くだけだ。私は、ここにもう一段階追加し、回答者に「**なぜ**幸せなのか」を聞くのが正真正銘《オーセンティック》のポジティブ心理学であると提案したい。

万が一、自分の支持しない政党や国、著名人、家族、職場の人間といった、自分をイライラさせる**相手の不幸の中に自分の幸せの源泉があるのだとしたら、私はその類の幸せが本当に人生を生きるに値するものにするとは思えない。**憎悪する対象によって自分自身を定義づける必要などあるだろうか？　自分の墓石に、「憎悪していた人」と碑文を刻まれるのを望んでいる人間など、いるはずがないではないか。

★　スポーツ・イラストレイテッド誌（アメリカで最もポピュラなスポーツ週刊誌）のライター、スティーブ・ラシンは、オハイオ州立大の件や、他のスポーツ界のスキャンダルについて、次のような素晴らしいコメントを残している。
「スポーツ欄を読んでいて心底激しい道徳的義憤を感じる人は、ほぼ確実にニュース欄を読み飛ばしている」

12 バケツリストについて考える

Bucket Lists and Positive Psychology

大多数の人間は、静かな絶望の生活を送っている。そして、胸の中に詩をしまい込んだまま墓へ行くのだ。

――ヘンリー・デイヴィッド・ソロー

最近、あるライターと、「**バケツリスト**」というものについて話をする機会があった。

私はこれまで、「バケツリスト」という言葉について、たいして考えたことがなかった。この言葉が広く世間で使われるようになったのは、二〇〇七年の同名の映画（邦題「最高の人生の見つけ方」）の影響によるところが大きいようだ。もはや使い古された言葉ともなっているバケツリストだが、私は世の人ほどこの言葉に夢中にはなっていない。バケツリストという言葉をもって何をとらえ、何を伝えようとしているのか、その意図は理解できるし、その価値を認めることもできるのだが、自分がそれを作ってみようとは思えない。

バケツリストとは、自分が死ぬまでにやっておきたい事柄をリスト化することだ（死ぬことを意味する「バケツを蹴る」という表現に由来している）。「私のバケツリスト」というキーワードでグーグル検索してみたところ、二五〇万ものヒットが得られた。私が読んだのはそのほんの片鱗にすぎないが、それでも、世の多くの人たちが自分の人生にさらなる彩りを添えるために何をしたいと思っているのか、少なからず洞察を得ることができた。たとえば、旅をして世界の不思議を見て回る、急流滑りのような冒険をする、外国語を学ぶ、著名人に会う、金持ちになる、とてつもなく大きな努力を要する何か（マラソンなど）を成し遂げる、といったことが書かれていた。

さて、ここからは、ポジティブ心理学者としての視点で、バケツリストに対する私の考えを述べていこう。

バケツリストは、人生を記憶に残る素晴らしいものにしようとする試みであり、これはダニエル・カーネマンの「ピーク・エンド理論」とよく噛み合うものだ。[18] ピーク・エンド理論とは、快楽を経験する出来事について人が記憶しているのは感覚のピーク（頂点）である、というものだ（省察4を参照のこと）。ピークがなければ記憶には残らない、あるいは、少なくとも鮮明な記憶は残らない、ということだ。ここで私は再び「**人生《ライフ》は出来事《イベント》なのか？**」という論点に立ち返ってしまうのだが、バケツリストが達成されれば、それによって記憶が定着し、人生が記憶されたものによって構築されることになるのは間違いない。

また、バケツリストは、人生を意義深いものにすることもできる。当然、その場合の意義というのは、ある特定の物事に依存したものではあるが。私が読んだバケツリストの多くは、どこか自己陶酔的《ナルシスティック》な印象を受けるものがほとんどであった（タトゥーを入れるなど）。しかし、中にはそうではなく、自分自身よりも大きな存在と結びつけようとするものもあった。たとえば、他者や、他者の幸福との結びつきがそうだ（家族全員をクルージングに連れて行くなど）。充実したよい生き方にとって大事なのが後者であることは、ポジティブ心理学研究によってたしかめられているところだ。

細かい部分はさておき、バケツリストの中には、心理学者たちがこれまでに培ってきた目標設定《ゴールセッティング》に関する知見が具体的に示されたものを見ることができる。目標というのは、人が何かを成し遂げる上でのモチベーション（動機づけ）となるが、モチベーションが高まるゴールの条件は、困難で、かつ具体的であることだ。インターネット上で私が読んだバケツリストには、困難なことがいずれも非常に詳細に盛り込まれていた。目標を設定する際には、それを成し遂げるためのプランも同時に提示されなければならないが、まずは条件を満たしたよい目標を設定することこそが重大な第一歩となる（省察55を参照のこと）。

さて、私がバケツリストのどこに否定的になっているかと言えば、それは、人生に対して、「リストの各項目に終了のチェックマークを入れる」という類のアプローチを含意している部分だ。私は、自分の大学の学生が、卒業要件を満たすことだけを考えて履修科目を選ぶのが大嫌いだ。条件だけを考慮して履修科目を選択する大学生と同じようなアプローチを、人生に対してても適用する人がいるとしたら、たとえその条件が自分自身で作ったものであったとしても、やはり私にはひどい嫌悪感が湧いてくる。

ひょっとすると、これはフェアな見方ではないのかもしれないが、私には、バケツリストを作っている人たちが、バケツリストに書かれたことだけが人生において重要だと言っているように感じられるのだ。ただ、これは、私にはそう聞こえるというだけの話であるため、どうか悪く思わないでいただきたい。

ただし、それがバケツリストであろうがなかろうが、人生におけるある一つの出来事をめぐって延々と演説するような人たちに対する私の否定的な態度については遠慮する気はない。そういった演説には、すぐにというわけではないが、そのうちうんざりしてしまう。誰かの冒険や成功体験を聞くのは楽しいことだが、私は個人の独白を聞きたいのではなく、対話がしたいのだ。バケツリストが自分の格好よさをひけらかすためのたんなる肩章ではなく、それ以上の意味を持つものであることが確信できれば、私もバケツリストに対してもう少し肯定的になれるのだが……。

さて、ここで、仮説的にこんな疑問が湧いてくる。

「バケツリストの内容を他人に話すことが許されないとしたら、バケツリストによく含まれる項目のうち、どれくらいの項目が削除されることになるだろうか?」

おそらく、かなり多くが削除の対象となることだろう。

さらに、人生には、やる前にはその価値が分からなくても、実際にやった後で振り返ってみたときに、初めてその価値が分かる場合もある。バケツリストだけにフォーカスしてしまうと、リスト上にはない活動で、本来はとても心に残る有意義な活動であったはずのものを見落としかねない。数年前から、あるいは何十年も前から思い描いていたことがあっても、人生にはそれ以上に素晴らしく意義深いことも他に存在する。

一九四六年の映画「素晴らしき哉、人生！」（*It's a Wonderful Life*）のジョージ・ベイリーを覚えているだろうか？　彼は、自分のバケツリスト（学校に行くことや旅行すること）を何一つ達成できなかったにもかかわらず、人生を振り返る機会を与えられたとき、「自分の人生は価値あるものだった」と結論づけた。彼は、自分の望みを叶えるために他人を犠牲にすることが一度もなかった。この点こそが、この映画が作られてから六〇年以上が経った今でも、私たちにとって大切な映画であり続けている所以なのだ。

いずれにせよ、バケツリストは「死ぬこと」ではなく「生きること」に関するものである。バケツリストに対する私の反対意見の主旨はいたってシンプルだ。すなわち、「バケツリストは人を惑わすものである」ということだ。ほとんどの人は、リストを作る際、自分が死を目前にしているとは想定していない。こんな厳しい基準を設けてみたらいかがだろう……。

「明日、確実に死ぬとしたら、今日あなたは何をするでしょうか？」

あなたは人生最後の一日を、タトゥーを入れるために費やすだろうか？

私は、「バケツリスト」という言葉自体とは言わないまでも、その精神は気に入っている。

また、意義深い経験を損なうことがないのであれば、気分を浮き立たせるような刺激的な思い出もよいだろう。それに、私は崇高な目標も嫌いではない。ただし、そのせいで、その他多くの大切なことに盲目になることだけはあってはならないと思う。

第2章

ポジティブな特性と才能
――才能をどのように引き伸ばすことができるか？

Positive Traits and Talents

ポジティブな経験やポジティブな感情は、比較的つかの間のものだ。

ポジティブ心理学者は、よい生き方を可能にする特性や才能のような、より永続的な特徴にも興味を持っている。研究心理学者としての私自身のキャリアでは、ここ何十年、楽観的な思考と悲観的な思考スタイルに焦点を置いている。ポジティブシンキング（ポジティブ思考）の影響とはどのようなものだろうか？　この思考スタイルを奨励することはできるだろうか？

私は、希望や楽観が有益であることを決定的に示す何十年もの研究をもって、この問題に関する議論にはピリオドが打たれるだろうと思っていた。しかし一部では、ポジティブシンキングの価値に対して懐疑的な見方が続いているため、私はこの章でいくつかの省察を書くことになった。省察では一貫して、またしても**ポジティブシンキングの力**について主張しているが、それは少なくとも、**希望や楽観がある程度の複雑さと微妙さをもって考慮されたときに威力を発揮する**。

私は最近では、好奇心や、親切心や、チームワークのような、道徳的に評価された特性である「キャラクター・ストレングス」（character strengths）〔訳註として250頁を参照のこと〕について研究している。この研究において最も重要なポイントとは、あれかこれかの二者択一ではなく、ポジティブな気質と同族のものとして「キャラクター」という概念にアプローチする必要がある、ということだ。

各々のキャラクターは程度の違いとして存在する。すべてのキャラクターを持ち合わせているという人はいないが、すべてのキャラクターが欠如しているという人もまたいない。この章の省察のいくつかでは、キャラクター・ストレングスに関する最近の研究について説明する。

ポジティブ心理学には二つの流派がある。気持ちや幸せといったテーマに注目する、ソフトでかわいらしい流派（第1章の省察を参照のこと）と、成果や達成に注目する、屈強でチャレンジングな流派だ[19]。よい生き方について考えるときには両方とも大切であるし、互いが足を引っ張り合う必要もない。この章の最後の省察では、才能と、その才能をどう促進するかについて説明する。

13　楽観主義はアメリカを弱体化しているのか？

Is Optimism Undermining America?

何者にもならないためには何にもしないことだ。

――ナサニエル・ハウ

楽観主義は、少なくとも知的エリートたちの間では、評判がよかった試しがない。「楽観主義」という言葉が人々の間に浸透したのはいつのことだったか、我々ポジティブ心理学者は知っている。一七五九年に出版されたヴォルテールの『カンディード』（*Candide*、斉藤悦則訳、光文社）と、その中で面倒な人物として描かれている、バカげた楽観主義を具現化したパングロス博士だ。[20]

過去数十年にわたる実証研究では、達成や、社会的関係や、健康など、楽観に多くの利点があることが示されていることから、それらの研究は興味深く、また重要だ。[21] 楽観に関する研究が、「ネガティブ」の構成概念の欠如をはるかに超えて、「ポジティブ」の構成概念の重要性について実証したことで、ポジティブ心理学の分野を先導することに一役買ったのだった。

楽観主義に対する最近の反発はあからさまなものだ。[22] 楽観主義が愚かさや現実の否定につながるとして、楽観主義に対して何世紀も続いている疑念が再現されている。学術的な議論でも、また一般向けの議論でも、楽観主義や、ポジティブシンキングや、もっと広げてポジティブ心理学について疑問視されている。議論ではいずれも、アメリカで続く経済危機など現代世界の多くの弊害に対して、楽観主義にその責任がある、と示唆されている。

私がこれらの批判（当然ながら考慮されるべき批判）について講義するとき、ときおり、「結局何が言いたいのでしょうかねえ？　批評家たちは人々に悲観と絶望を促しているのかな？」とぞんざいに聞きたくなってしまう誘惑に駆られる。悲観や絶望をほのめかすような批評家の言葉だけを選び出して引用することもできるが、そうしてしまっては彼らの文脈を無視してしまうことになる。それは責任ある行為とは言えない。たとえ批評家たちが**自分たちの言いたいことを言うためにそうしたとしても**、だ。

それどころか、批評家はたいてい、未来に対する期待を現実的なものにするように、と人々に促す。これは、実際に正しい答え、つまり、人々の期待が正確か不正確かを判断できるような現実がある場合にはまったく合理的な忠告だ。だから私は、この省察を書き終えられると楽観視できる。そして、人々がこの省察を読んでくれるとも楽観視している。実際に、大勢の読者が楽しんでくれるだろうとも楽観視している。私の過去の経験を踏まえても、こうした楽観視はまったく現実的な期待だ。

ところが、自分がＮＢＡ（全米プロバスケットボールリーグ）でプレーしたり、ノーベル賞を獲得したり、アンジェリーナ・ジョリーの養子になることについては私は悲観的だ。こうしたことは、私がいくら願ったとしても、絶対に起きない。こうした出来事が起きるかもしれないとして自分の人生を送ったとしたら、まさに私の愚かな楽観主義は私の人生を蝕んでしまうだろう。皆が皆、まったく信じがたいことが起こり得るかのように自らの人生を送ったら、私たちの世界はまるごと弱体化することになるだろう。

さて、ポジティブシンキングに対する批評家の言説は正しいだろうか？ 必ずしもそうとは言えない。楽観主義を疑問視する批評家がときおり見過ごしてしまう点は、人々の未来についての期待が、「正しい期待」と「正しくない期待」という二つのグループにきれいに当てはまることはない、という点だ。

そこには第三の「**あいまいな期待**」として、現時点では正しいとも、また正しくないとも言えないグループがある。これは、人々が現在どのように行動するかによって、その期待が正しいのか正しくないのかは未来にのみ明らかになる、というグループだ。楽観は人々の行動を活性化する。楽観はアファメーションを促進する作用として働く、と私は考えている。**ポジティブシンキングは、この第三の期待のグループを特徴づけるときに強力である**。

平均して、楽観的な人は自分自身を大切にするのでもっと健康的だ。楽観的な学生はクラスに出席するのでもっと優れた成績を取ることができる。楽観的な保険代理業者は売り込み電話をかけるのでもっと多くの保険を売りさばくことができる……といくつもの例が挙げられる。

ただし、保証はない。積極的に活動することが有益な局面で受け身でいると失敗につながる、ということ以外には。

それから、あり得ないという印象だけで、人の期待に対して不可能だとの烙印を押してしまうことについても、かなりの注意を要する。非現実的であっても、必ずしも不可能とは限らない。

大西洋を航海するのに小さなボートで出発したクリストファー・コロンブスは非現実的だっただろうか？　メジャーリーグの選手になりたいと思い立ったジャッキー・ロビンソンは非現実的だっただろうか？　インドで慈善施設を設立するために母国アルバニアを後にしたマザー・テレサは非現実的だっただろうか？　ソフトウェアを開発するためにハーバード大学を中退したビル・ゲイツは非現実的だっただろうか？　大統領に立候補すると発表したバラク・オバマは非現実的だっただろうか？

おそらくすべての事例に対する答えが「イエス」となるのだろうが、彼らの物語の続きについては私たちの知るところだ。

もちろん、楽観によって報われたこうした事例については、その他の報われなかった事例と合わせて考えることもできる。ことわざにもあるように、いくら奇談を重ねてもデータにはならない。だからこそ私は、楽観が平均して有益であることを示す数百本もの研究に注目している。

研究論文を読めば読むほど、楽観主義はアメリカを弱体化してはいないと私は断言する。事実、アレクシ・ド・トクヴィル（一八三五—二〇〇三）がずっと昔に意見を述べたように、[23] **楽観がアメリカを特徴づけている**。批評家たちに祝福あれ。ただ私は、批評家が、ポジティブシンキングが大罪であるという烙印を押すことなく、貪欲、怠惰、嫉妬、大食などの愚かさ〈キリスト教の七つの大罪のこと〉が私たち人間全員の問題であるという事実に正しく注意を向けてほしいと願う。この世界は十分に困難な場所である。楽観という最も素晴らしい資源の一つを退けてしまうことは何の益にもならない。

14 よい希望と悪い希望

Good Hope and Bad Hope

実は、希望は一切の悪のなかでも最悪のものである。なぜなら人間の苦悩を引き延ばすからだ。

——フリードリヒ・ニーチェ

私はたった今、ギリシア神話のパンドラについて読み返したところだ。パンドラの物語は、いつも論争の的になる希望や楽観の概念について光を投げかける（前の省察13のテーマでもある）。

物語によると、パンドラは原初の女性であった。プロメテウスが天から火を盗んだ後、ゼウスは人類に復讐をするために、パンドラに瓶（ときに箱とされる）を与え、「絶対にその瓶を開けてはならない」という警告を添えた。しかし、パンドラの好奇心が勝り、彼女は瓶を開けてしまい、この世界にありとあらゆる悪を解き放ってしまった。彼女はすぐに瓶を閉じたものの、そのときに希望だけを閉じ込めてしまった。すべてはゼウスの意図したところだった。

私が子どもの頃に学んだこの神話の説明は、希望が純粋な善として描かれており、そのために今日まで人々が悪を克服できるとされている。

大人の観点から見ると、この神話、特に希望は、それよりもっと複雑である。なぜ、怒れる神ゼウスが、悪を入れたのと同じ入れものの中に希望を入れておいたのだろうか？

古くさいジョークに次のようなものがある。

Q：あなたのような善良な人がこんなところで何をやっているのですか？

A：こんなところで誰もがやるようなことと同じことです。

つまり、希望は悪でもあるのだ。特に、希望が信奉される場合はそうだ。世界中のありとあらゆる悪を目の当たりにしながら事態が変わるのではないかと希望を抱くことは愚かであり、事実上、悪である。ニーチェが主張するように、希望は私たちのあらゆる苦しみを引き延ばす。

さて、こうしたさまざまな考え方は、ずっと続いている楽観（またの名を希望）をめぐる賛否両論に対してどのように影響するのだろうか？

第一に、神話に反して、希望や楽観が実際に（文字通り）苦痛を軽減できることを示すデータを見てみよう。属性として楽観的な人は、より幸福度が高く、健康である。[24][25] そのような人はまた、いわゆる突発的な事故を避ける。[26][27]

そして、興味深い実験では、カーラ・バーグ、リック・スナイダー、ナンシー・ハミルトンによる実験で、彼らが「希望誘導」（hope induction）と呼ぶもので、誘導イメージ療法を使ったものがある。[28]

研究参加者は、約一五分間、大切な目標のことを考え、その目標を達成する方法を想像するよう求められた。対照条件の研究参加者は、一五分間、家の整理術の本を読むよう求められた。参加者は全員、氷入りのバケツの水に自分の利き手でない方の手を、できる限り長く浸すよう求められた（最大五分）。これは、疼痛耐性のための標準的な手段であり、痛みを伴うものの、害はない。簡単な希望誘導を受けた参加者は、約一五〇秒間、氷水に手を浸し続けた。一方の対照条件の参加者は、約九〇秒間、手を浸し続けた。希望は、その経験がいかに苦痛であるかの報告には影響を与えなかったが、耐える能力を高めたのだった。

第二に、希望や楽観による影響が、具体的な「希望に満ちた信念」に左右される点について、省察13から再検討してみよう。起きる可能性のない出来事に希望を抱くことはたしかに愚かだ。心がそのような希望にあまりに傾いているときには、それを「悪」と呼ぶこともできるだろう。しかし、自分の楽観が動機づけとなり、望むことが起きる可能性をもっと高めるように行動すると仮定すれば、起きる可能性のあることに希望を抱くことは堅実だ（よいことだ）と言える。

第三に、パンドラの神話と、ニーチェによる神話の近代版の解説と、ポジティブ心理学の現代の批評家たちが、いずれも善にはほとんど言及せず、悪がひどく充満した世界を仮定しているという事実を覚えておこう。そのような世界では、本質的に、悪いことは何も変わらないというただそれだけの理由から、希望は悪であるかもしれないのだ。

そのような世界は仮説にすぎない、と私は信じている。

たしかに、**この世には悪が存在するが、同じくらいの純粋さで、友情、愛情、奉仕のような善が存在する**。ギリシア神話やニューヨーク・タイムズ紙の論説よりも、現実の世界ははるかに複雑なものだ。私たちは、善と悪とを知り、よい希望と悪い希望とを認識しながら、その複雑さにまるごとアプローチすべきである。

少なくとも私は、そうすることに希望を持っている。

15　強みか、弱みか？

Strengths or Weaknesses?

キャラクターとは、あなたが持って生まれたもので、指紋のように変えることができない、というものではない。それは、持って生まれなかったものであり、責任を持って形成していかなければならないものなのだ。

——ジム・ローン

ポジティブ心理学者が**強みに基づくアプローチ**を提唱したとき、私は、それまでの何十年に及ぶ、問題とその改善とに焦点を置いた介入（診療所や、学校や、職場での介入）に対する重要な修正が行われるのだと受けとめた。私はこれを、弱みや問題を無視するようにとのアドバイスだとか、人がすでに何かに熟達している場合にのみ変わることができるという主張だとは受けとめなかった。

どういうわけか、このまったく理に適ったアドバイスが、**強みだけが重要であるというまったく理不尽なアドバイスへとねじ曲げられてしまっている。**よい生き方を実現したければ自分の強みにだけ取り組むといったことを支持するエビデンスについて、私は何度も繰り返し質問を受けてきた。

強みだけが重要だとする主張に反論するための研究は、当たり前のことだが必要ない。特に何に秀でているかにかかわらず、従業員は時間通りに出勤する「強さ」を備えている必要がある。また、職場の同僚に対して、最小限礼儀正しくある「強さ」を備えている必要がある。その他にもこのような例は枚挙に暇がない。

個々人の強みを活用できるような人材配置を考えるべきだろうか？　もちろんだ。私の勤める大学の学部では、優秀な講師は登録学生数の多いコースを教えるよう求められる。こうした要求が可能となるのも、必要な技能を持つ十分な数の教員がいるからだ。

とはいえ、私の同僚で、生まれつき優秀な講師だったという人はいない。大教室の学生たちの注意を引きつけたままで、明確かつ魅力的な方法で情報を伝えることができる人は才能に恵まれていると言えるが、そのような才能は、幾多もの練習と、幾多もの指導と、幾多ものフィードバックを真剣に受けとめたことによって開発されたのだ。

別の見方をすれば、これもまた同じくらいバカげたことだが、才能が過大評価されている、という主張がある。この主張は、時間をかけて開発された才能ではなく、生来の才能に言及したものではないかと考えられる。生来の才能にはいくつくらいあるのだろうか？

私はバスケットボールのファンとして、私たちの時代の最も「才能ある」選手の二人がラリー・バードとマイケル・ジョーダンであり、彼らが絶え間なく練習したことを知っている。ジョーダンの足にバネが入っていたとか、バードに尋常ではない視覚能力が備わっていたということで、彼らの本来の技量が損なわれることはなかった。しかし、表向きには生まれつきのように見えるこのような才能ですら、練習によって磨かれていったことは疑いようがない。

このような、あれかこれかの二者択一の議論（強みか弱みか、才能か練習か、生まれか育ちか）は決して解決することはないと私は思う。と言うのも、一人の人間として見たとき、それらの**すべてが重要**だからだ（省察8を参照のこと）。

もう一つのポイント。「強み」という用語は無秩序な広がりを持つものだ。強みには、絶対音感のような才能や、親切心のような道徳的美徳や、ギャラップ社（アメリカに本社があり、国内外の世論調査や研究ベースのコンサルティングを行う企業）にとっての関心事である職場のテーマ（たとえば、ギャラップ社の開発した「ストレングス・ファインダー」のＷＯＯ・社交性）なども含まれるようだ。強みと、強みに基づくアプローチについて話すときには気をつけるべきだろう。また、自分たちの意味する強みの種類について、具体性を持つべきであろう。問題に焦点を合わせたアプローチについても同様である。

強みと弱みはともに重要である。また、それらはともに私たちなのだ。この点については、数年前、私に減量するためにスポーツジムに入ってはどうか、と親しい同僚の一人が促してくれたときに独自の洞察を得たのだった。私は答えた。

「私が優れている部分にだけ君が注目するというのではだめなのかい？」

その同僚の答えは直ちに私を固まらせた。

「あなたはファンが欲しいの？　それとも友人が欲しいの？」

それは私が今よりも二〇キロ太っているときだった。

16 キャラクターが「セクシー」な理由

Character Is Sexy

自分のなかから幸せなとき、それが私が最もセクシーに感じる瞬間です。

——アンナ・クルニコワ

私は一九七六年から大学教授として働いている。私の仕事で重要な部分は、博士論文を書いている大学院生たちを個別に指導することだ。長年にわたり、私は約五〇本もの論文を指導してきた。そして、ある部分では応援団のチアリーダーとして、またある部分では交通指導員として、学生に接することを学んだ。学生の書く一本目の論文がたいていは最後の論文になるという理由だけからしても、学位論文は困難なものだ。博士課程の学生は、自分たちが経験していないことから学ぶことはできない。その落とし穴について、途中で私から学生たちに警告を与えることになる。

間違いなく、先延ばしは最大の脅威であるが、学生が論文書きを先延ばしするための方法はたくさんある。自分のスパイスラック（香辛料の置き棚）をアルファベット順に並べる。アパートを掃除する。鉛筆を研ぐ。パソコンのソフトウェアを更新する。論文のテーマに関連性の薄い論文について書かれたものをすべて読破する。博士課程の学生は、新聞に掲載された個人広告（個人が小さな枠で出す、求人などの広告のこと）を常にチェックして、大学院での「閉鎖的で非現実的な生活」がやっと終わりを告げる頃に始まる「開放的で現実的な生活」について夢想するのだ。

ミシガン大学で最優秀だった私の学生の一人にトレイシー・スティーンがいる。彼女は、新聞の個人広告を読むのに膨大な時間を費やしていたものの、論文を完成させる間に先延ばしをしたことは一度もなかった。その秘密は、彼女の論文として、人が広告の中で、将来パートナーとなるかもしれない人たちに対して自分をどのように説明し、見返りとして何を求めているかを知るために、広告を「研究していた」ことにある。

その他の心理学者たちも個人広告について研究しているが、その多くは、進化論的な観点から男性と女性の違いを予期したものだ。[29] 男性はおそらく、首尾よく子どもを産める女性を探すであろう。したがって、女性は若くて魅力的であるべきだ。女性はおそらく、首尾よく子どもを守り養ってくれる男性を探すであろう。したがって、男性は野心的で社会的に成功しているべきだ。データはたいてい、こういった予測を支持するものとなっている。

しかしながら、研究結果ではまた、進化論者たちによって強調された「外見とお金持ち」の取引よりもさらに特筆すべきパターンも示された。キャラクターは「セクシー」なのだ。個人広告が伝えるところから判断できるとすれば、よいキャラクターは実際のところ、身体的魅力や職業的達成に勝る。この結果は、男性、女性ともに当てはまる。

トレイシー・スティーンが行ったことは簡単だった。[30] 彼女はミシガン大学の地元アナーバー市の新聞に掲載された何百もの個人広告を読み、広告を掲載した本人のことと、その人が何を求めているかについてそれぞれコード化していった。彼女は、ポジティブ心理学的視点を用いて分析していったのだが、特にキャラクター・ストレングスについて言及された箇所に興味を持った。

よいキャラクターについては、ほぼすべての広告にその言及が見られた。注目すべきことには、広告欄に厳しい字数制限が課されていても、広告主の青年たちは、できるだけ頻繁に、はっきりと、自分自身のキャラクターについて説明していた。逆に、彼らが相手に頻繁に求めたのは、愛する能力（三六パーセント）、ユーモアのセンス（三〇パーセント）、熱意（二五パーセント）、親切心（二四パーセント）、好奇心（一九パーセント）といったポジティブな特性だった。自分自身について説明するとき、たとえば恋愛相手を求める人たちは、ユーモア（三九パーセント）、愛する能力（三六パーセント）、熱意（二九パーセント）、好奇心（二五パーセント）、親切心（二三パーセント）といったように、似たようなキャラクターに関する言葉を使っていた。

このような発見はそれ自体興味深いものだが、私はキャラクターについて説明するためにこの研究結果に触れたまでだ。キャラクターは時代遅れの題材ではない。キャラクターはセクシーなのであり、セクシーである理由がちゃんとあるのだ。**よいキャラクターは、恋愛、さらには友情や、学校や、職場や、近隣住民や、もちろん家族の中でも大切な、あらゆる類の関係性を可能にする。**不良少年や性格の悪い少女たちがメディアに担ぎ上げられているが、彼らは本当は疫病のように避けられるべき存在なのだ。

17　聖人はどこにいるのか？

There Are No Saints

この世界には二種類の人間がいる。この世界に二種類の人間がいると信じている人たちと、信じていない人たちだ。

――ロバート・ベンチリー

個人差、たとえば性格特性について研究している心理学者たちは、人間のタイプ（種類）には違いがない、たとえあったとしても非常に小さな違いしかない、と繰り返し結論づけている。ここでの「タイプ」とは、明確に定義された境界によるカテゴリーにおいて、人々がはっきりとそこに位置づけられるか否かを意味する。個々人が異なることは明らかだ。しかし、その相違は、ほとんどの場合に程度の差でしかない。言い換えれば、心理学的な違いとは、タイプではなくて程度によるものなのだ。

内向性と外向性、楽観主義者と悲観主義者、賢い人とバカな人、と私たちは常日頃何気なく話しているが、これらはいずれも省略表現だ。こうした用語は、**相対的なもの**として聞かれるべきだろう。たとえばある人が、私たちの念頭にある準拠集団（レファレンス・グループ）に比べて社交的である場合に、その人のことを「外向的」と言う。ただそれだけの意味にすぎない。内向性と外向性の間にはしっかりとした境界線が存在しないからだ。たいていの個人差に関しては、私たちのほとんどがその両極の真ん中あたりに位置づけられる。

人々の心理的な問題についてはどうだろうか？　これもまた、たいてい、程度として小さいか大きいか、ということになる。たとえば、うつは、ただちょっと気分が落ち込むという程度から、ひどく落ち込むという程度まで、連続したつながりに沿って変動する。重度のうつの人は、医療施設に入院するか、心理療法や薬物療法を受けるか、あるいは自殺してしまうことだってあるかもしれない。

こうしたうつによる結果のすべては、あれかこれかの二者択一だ。しかし、厳密に言えば、うつは違う。連続したつながりにおいて、そこにしっかりとした境界線を引くことは不可能だ。それは、疾患のある人とない人というタイプ分けを前提とした精神疾患の診断に取り組む人たちの大胆な試みにもかかわらず、不可能なものなのだ。

それから、幸せや、キャラクター・ストレングスや、よい社会的関係性のような、人のポジティブな特徴についてはどうだろうか？　ここでもまた、人について説明するのに、ハッピーな人とそうでない人、親切な人と意地悪な人、社会的に活躍している人と疎外されている人、といったような省略表現を使いがちだ。

このような表現は、それが相対性に基づくものであることが理解されている限りは、ここに挙げたような特徴を極端に備えた人について説明する方法としてはまったく妥当なものだ。ただし、話をさらに進めて、ある一部の人たちが極端な特徴を備えているからといって、それが人間のタイプまたは種類を個別に分けることを意味すると仮定するのは間違っている。

キャラクター・ストレングスに関する自分自身の研究を通して、私はうっかりこの誤解を助長してしまっているようだ。幅広く評価されたポジティブな特性に関するオンライン調査では、調査が完了次第、回答者の「トップ・ストレングス」（最高位の強み）（ときに「特徴的な強み」と称される）について自動的にフィードバックが与えられる。このフィードバックは相対的なものなのだが（自分のトップ・ストレングス以外の強みや、他の人たちの強みと比べてどうかなど）、一部の回答者たちは、そのフィードバックが自分という人間の「タイプ」を特定したものであると受けとめる。しかし、ちょっと待ってほしい。理論以外、キャラクターのタイプなど存在しない。ただ、それぞれのストレングスの程度が大きいか小さいかだけである。

この点についてデータとともに説明するために、我々研究者は論文を発表した[31]。この背景について少し説明してみよう。我々の測定するキャラクター・ストレングスの特徴をどの程度備えているかで、本当に人々のタイプが定義されるのであれば、ストレングスのスコアの度数分布（ヒストグラム）は、途切れたり、凸凹したりするはずだ。そうでなければ、度数分布は滑らかな形で、ばらつきはないはずだ。

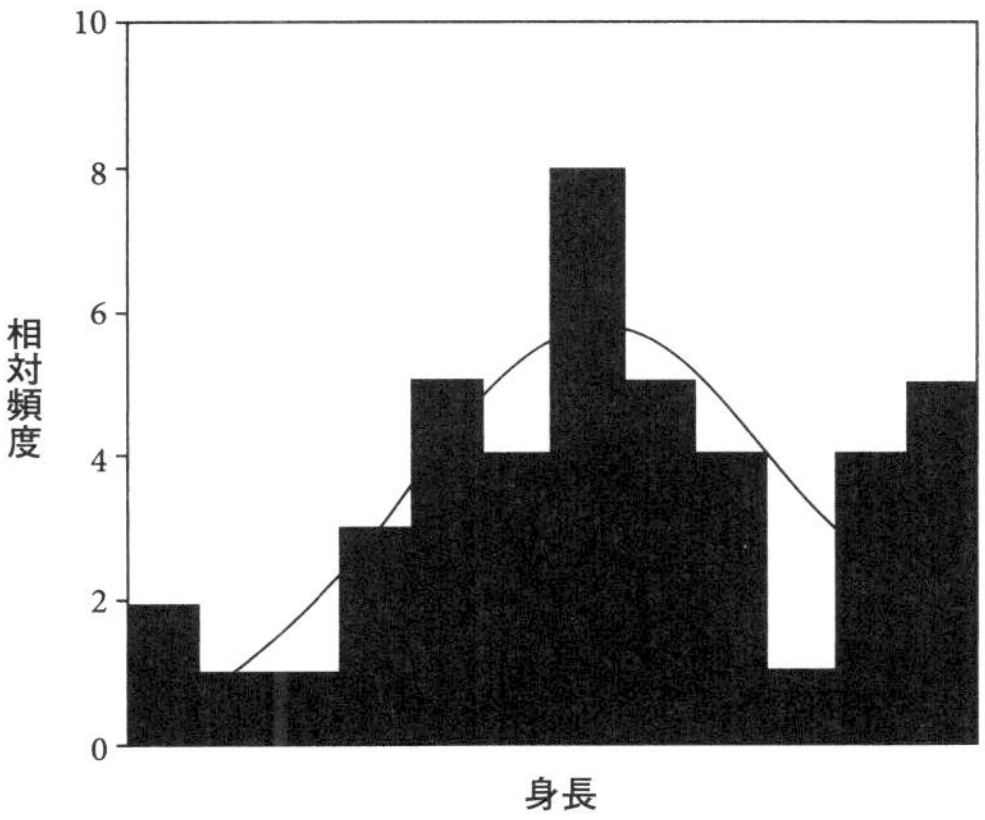

図2　身長の度数分布図

説明の便宜上、身長の度数分布について考えてみよう。ほとんどの場合、この分布は、お馴染みの釣鐘曲線だ。しかし、左端か右端のどちらかで、遺伝的、ときに代謝状態から生じる、とても背の低い人と、とても背の高い人の過剰によって、急な山形を描くことがある。このようなタイプの人々についてはエビデンスがある。たとえば、図

2の左側に位置づけられる一部の人々は軟骨無形成症かもしれないし、右側に位置づけられる一部の人々は末端肥大症であるかもしれない。

度数分布図において意味を持つ中断やばらつき、また、その根底にある潜在的な構成概念を決定するための統計学的な手順がある。ここではその細部には立ち入らないが（細部には悪魔だけでなく聖人が存在する！）、八万三五七六人の成人の回答者から得たキャラクター・ストレングス尺度のスコアを分析するために我々研究者はこれらの手順を使用した。この尺度が重要なのは、信頼性・妥当性ともに情報提供者の報告に基づき検証されているからだ。尺度には、影響力のある宗教や哲学的伝統に関する長年の分析に基づいた、広範囲に及ぶポジティブな特性が含まれている。

我々がどうこれらのデータを見ようと、また我々がどのキャラクター・ストレングスについて考えようと、結果は、キャラクター・ストレングスを質的観点よりも量的観点でとらえる方を支持している点で一致している。

「キャラクター・ストレングスが相対性に基づく」とはつまりこういうことだ。現実の世界では、どんなに立派な人であっても、「賢い」のではなくて「より賢い」のであり、「親切」なのではなくて「より親切」なのであり、「勇気がある」のではなくて「より勇気がある」ということなのだ。我々はそう明記して、論文を締め括った。

これは決して期待外れの結論ではない。聖人はいない。しかし、罪人もいないのだ。たしかに、より高徳で聖人のような人はいる（特定のキャラクター・ストレングスに関して）。また、より罪深い人もいる。しかし、**その違いは、種類ではなくて、程度による**。我々のデータは、誰であっても、またどの地点からスタートしても、より罪深い所業の端から、より聖人のような所業の端まで変動できることを示唆しているのかもしれない。と言うのも、その両端の間には、自分自身がまったく違うタイプの人間に変身することで超えなければならないような種類の障壁が存在しないからだ。

最後に、「よい人」であることを目標として掲げ続けることもできるし、またそうすべきでもある。しかし、私たち人間はその目標に近づくことができるだけで、決して完全に達成することはできないだろう。

18 レジリエンスについて

Resilience

リングの中であろうが、外であろうが、倒れることは悪いことではない。悪いのは、倒れたままでいることだ。

——モハメド・アリ

私は最近、ライターや研究者たちから、レジリエンスについて数多くの質問を受ける。世界的な経済危機や、その他にも世界中に課題が山積していることを踏まえると、レジリエンスはポジティブ心理学者たちにとってもずっと関心の高いテーマであり続けてきたし、一般の人々からも目下注目されているテーマだ。

レジリエンスとは何か？　どのようにしてレジリエンスの高い人を測定できるのか？　どのようにしてレジリエンスを育成すればよいのか？

これらの質問に答える前に、言葉に対する細心の注意が必要となってくる。ルーザー、シチェッティ、ベッカーの重要な評論によると、理論家や研究者たちが「レジリエンス」という言葉を一貫性なく使っている、と報告している。[32]レジリエンスとは、喪失を経験した後でも打ちのめされないとか、ストレスを受けても大丈夫であるとか、出来事からほとんど影響を受けないとか、実際に人間的成長をはたすといった例まで、逆境に対する実にさまざまな反応について言及する言葉だ。この広範囲に及ぶ定義は、人々が実際に逆境に直面したときに示す広範囲な反応を反映したものかもしれない。

しかし、レジリエンスの数多くの研究で関心の高い「**逆境**」については、研究者たちはその詳細を無視してしまっている。逆境とは、たとえば、一時的で不連続なものか、それとも永続的で慢性的なものか？　局所的なものか、それとも広範なものか？　原則としてコントロール可能なものか、それとも不可能なものか？

一部の研究では、そもそも研究参加者たちが逆境を経験したことが示されておらず、ただ悪い出来事のようなライフイベントが示されているだけだ。経験されたトラウマ（心的外傷）がなければ、心的外傷後ストレス障害（ＰＴＳＤ）や、心的外傷後成長（ＰＴＧ）や、あるいは心的外傷後の何であっても話題にすることなどできないはずだ！

ここにいくつかのレジリエンスの定義を書いてみよう。

レジリエンス（Resilience）とは、少なくとも元々の（心理学的ではない）意味としては、ある実在物が障害に遭った後で元の形状に戻ることを指す。ギューッと手に握ったテニスボールが、手から放たれたときに元の形状に戻るのと同じだ。

レジリエンシー（Resiliency）とは、レジリエンスにつながる実在物の資質を指す。なぜテニスボールが弾力的《レジリエント》であるのか、その理由を知るほど私は頭がいいわけではない。ただ、何かテニスボールの素材とデザインにその原因があるように思う。（けば立っているせいだろうか？）

耐性（Invulnerability）とは、逆境やトラウマから影響を受けない人について言及するのに、かつて心理学の論文で使われた用語だった。たとえば、統合失調症の母親を持つ子どもたちで、普通に見える子どもたちは、「耐性が高い」と称された。近くで観察してみると、そのような子どもたちの人生には常に、彼らの母親ができなかった育児の役割を引き受けた誰か別の大人の存在（親戚、先生など）があったことが分かる。これは、もっぱら個人にレジリエンスを求めてはいけないという重要な注意喚起《リマインダー》となっている。個人だけにレジリエンスを求めてしまうことで、レジリエンスがあたかもお手軽な「心理的なテフロン加工」にすぎないかのような誤解を与えてしまうからだ。

成長（Growth）とは、逆境に遭遇した後で、以前よりも「よりよく」生きている人に言及するときに使われる用語だ。

「死ぬほどつらく苦しいことも、それを乗り越えると、さらに強くなれる」

それは、手に握ったテニスボールが放たれたときに、ビーチボールに変わるのと似ている。

心的外傷後成長の可能性は、私を含むポジティブ心理学者たちの注目を集めているが、この概念についてはいまだに見解が分かれたままだ。関連する研究では、だいたい、まずトラウマについて相手に尋ねることから始め、それからトラウマについて考えられる利点について尋ねている。予想通り、多くの人たちが、逆境を乗り越えた物語を伝える。救済（不運に打ち勝つ）という観点から構成された個人の物語について、よくありがちな台詞を用いながら。しかし、不幸な出来事やその結果については、事実の後に誇張される場合があることが懸念される。

成長について説明するのに格好な題材の一つが、トラウマの後のキャラクター・ストレングスに関する私の研究だ。その研究では、トラウマを引き起こす可能性のあった出来事の後で、宗教性、感謝、親切心、希望、勇気など、特定のストレングスの測定値が上昇したことが分かった。[33] 我々の研究では、他の大半の研究とは異なり、トラウマが引き起こされる**前の**キャラクター・ストレングスについて測定していた。

このような測定結果はよい知らせだし、また興味深くもある。しかし、だからといって調子に乗って、悪い出来事の後によい結果が引き起こされそうだとして悪い出来事を歓迎するようなことがあってはならないだろう。

私自身のレジリエンスに関する見解はこうだ。レジリエンスは、逆境になり得る出来事が起きた後で、「普通」の状態にまで回復することについて言及するのに記述的に用いられるのが最もよい。普通というのがそれほどよいものかどうかは分からない。その人がどのスタート地点に立っているかによるのだ。

古いジョークを思い出してみよう。

患者：先生、手を手術した後で、私はピアノが弾けるようになるでしょうか？
博士：もちろんです。
患者：それは素晴らしい。以前私はピアノが弾けなかったのですから！

レジリエンスが多次元的であることは認識されるべきだ。つまり、いくつかの領域では回復できるものの、その他の領域では回復できない、ということだ。

また、レジリエンスの前に経過を要する時間の長さは、人によって、また領域によって、かなり大きく異なることも認識されるべきだ。

私自身のレジリエンシーに関する見解はこうだ。レジリエンシーは特異なものではなく、人々が持っているかいないかのどちらか、というものではまったくない。実際、この用語については、私は自分の書くものではめったに使わない。むしろ、**レジリエンシーとは、いくつもの特徴を含む包括的用語である**。人には内的な特徴も、また外的な特徴もある。そしてすべての特徴が度合いとして連続線上に位置づけられる。たとえば、楽観性、効力感、意義や目的、人生満足度、ときにうつからの自由度、社会的支援、集団の士気などだ。

レジリエンシーの測定は、的確に解析されなければならない。具体的な構成要素を測定し、人々の特徴に対する分析結果について記述する必要がある。

この方向性で、**レジリエンシーを養成するには、その構成要素を対象としなければならない**。その構成要素の多くは、私たちがすでに知っているやり方で奨励することができるものだ。

結論はこうだ。慎重に言葉を使うこと。そうすれば、重要な問いに対する優れた答えが可能となるだろう。

19 スティーブ・ジョブズ——よい生き方への教訓

Steve Jobs: Lessons for the Good Life

私はたった今、スティーブ・ジョブズが二〇〇五年にスタンフォード大学の卒業式で行ったスピーチを見終わったところだ(34)。もしかすると読者の皆さんはすでに見たことがあるかもしれない……その動画が公開されたウェブサイトでは何千万もの再生回数が記録されているのだから！　ただ、私は初めて見たわけで、ここで私が触れたい「よい生き方」について、いくつか優れたポイントを含んでいた。

私はスティーブ・ジョブズという人についてはほとんど知らない。そのため、私は講演者《メッセンジャー》ではなく、メッセージに集中しようと思う。とは言うものの、この特定のメッセージは、講演者《メッセンジャー》自身についてのことでもある。具体的には、彼の一五分間のスピーチは三つの個人的な物語で構成されている。それは、特に卒業式のスピーチの部類では、私が今まで聴いた中で最高のスピーチの一つだった。よく練られた内容であっても、そのようなスピーチは、たいてい平凡で、退屈で、きりがない。大学の同窓生で高齢の人たちは、よくそのようなスピーチの間に卒倒する。熱中症？　かもしれない。しかし、退屈もまた、卒倒の原因になっているのかもしれない。年配の聴衆は、あるいはその退屈さから手っ取り早く抜け出す方法を知っているのかもしれない。しょせん、人生は短いのだ。

スピーチの間にたびたび映し出される聴衆の様子を見る限りでは、ジョブズのスピーチを聴きながら卒倒する人は誰もいなかった。誰も退屈そうには見えなかった。実際には、聴衆全員が完全にスピーチに聴き入っているようだった。私は日中、講師として働いているが、ミシガン大学で私の講義を聴く学生の半分でも、ジョブズがスタンフォード大学で行った全スピーチの時間の半分の間でも、彼のスピーチに向けられた興味の半分程度でもいいから、私の話を興味を持って聴いてくれたら、私はどんなにか感動することかと思う。

スピーチと言えば、物語はスピーチの中で使うのにいつもよい手段となっている。特に三つに括られたときはそうだ。その手のことを研究している連中は、強力な修辞効果を狙った戦略として「**三の法則**」について話す。三つの形容詞を使おう。三つの例を採用しよう。三つの主張をしよう。そして、バーに入ってくる男性についてジョークを言うときには「三つある」と言おう。二つでもなく、四つでもなく。

彼が最初に語った物語は、リード大学を中退したことについてだった。より正確には、彼は自分が好きではなかったクラスの授業料の支払いをやめたのだったが、そのまま大学のキャンパスにはとどまり、自分が好きなクラスには顔を出したのだった。そのようなクラスの一つにカリグラフィー（飾り文字）のクラスがあった。

この省察を書きながら、私の目の前でこの偶然の出来事は生かされている。その何年か後に、ジョブズによって導入された、コンピュータのテキストにおけるさまざまなフォントや文字間隔といった技術革新《イノベーション》だ。それが最初のマッキントッシュ・コンピュータを非常に多くの人たちに愛されるものにしたのだった。

ここで重要なポイントとは何か？　ジョブズは聴衆に、**人生における点と点とをつなぐこと**を語った。「それは、前に目を向けるときではなく、後ろを振り返るときにのみできることだという事実に気づくべきだ」と語ったのだった。そして、いつの日か、点と点がつながると思う信念（楽観性？）が必要だと語ったのだ。

彼が語った二つ目の物語は、共同設立したアップルコンピュータ社から自分が解雇されたことだった。侮辱と被害とのダブルパンチとはまさにこのことだ！　しかし、いかに傷つき、動揺しても、ジョブズは自分がやっていることを愛しているのだと気づき、やり続けたのだった。彼はＰｉｘａｒ《ピクサー》を設立し、ＮｅＸＴ《ネクスト》を設立した。ＮｅＸＴ《ネクスト》はその後アップル社に買収された。その続きの物語は皆さんが知っての通りだ。

重要なポイントは？　**自分が好きで好きでたまらないことを見つけよう**。「最高の仕事をするためのたった一つの方法は、自分の仕事を愛すること」だからだ。

三つ目の物語は、現実問題として彼が死を直視した、すい臓がんの経験についてだった。ジョブズによると、「死はおそらく唯一にして最高の生命の発明品だろう」。それは、「自分が何か失うものを持っているという考え方の落とし穴を避けることができるから」だという。

重要なポイントは？　ジョブズはよく自分自身に問うたという。

「**今日が自分の人生の最後の日だったら、今日予定していることをやりたいと思うだろうか？**」

その答えが何日も続いてノーのままであれば、自分が何かを変えなければならないと気づくという。

スティーブ・ジョブズは訓戒をもって彼のスピーチを終えた。

「ハングリーであれ。バカであれ」

「全地球カタログ」の最終号から引用したこのアドバイスは聞こえがよい。ジョブズはこの言葉を数回繰り返した。しかし、私はそうは思わない。少なくともそのすべてには賛成できない。もしかするとそれは三つの法則に反するからかもしれない。ハングリーであれ？　もちろん。バカであれ？　とんでもない。

よい生き方を実現することについてジョブズが語った教訓は、バカからはほど遠いものだからだ。

第3章

ポジティブな人間関係
――他者はなぜ重要なのか？

Positive Relationships

どのようなテーマであれ、ポジティブ心理学者が研究したその成果は、たいていの場合、「他者の重要性」へと立ち返る。人間というものが、結局は、本質的に社会的な生き物であることを考えれば、心理学的なよい生き方を特徴づける上で他者の存在が重要な位置を占めるというのは驚くことではないだろう。

この章の省察では、自分にとっての他者、そして他者にとっての自分の重要性に関する最新の研究成果について論じると同時に、いくつかの事例を取り上げていこう。

20 他者は大切だ——二つのエピソード

Other People Matter: Two Examples

「他者は大切だ（Other people matter）」

大学の講義やワークショップなど、私がポジティブ心理学について話をするときには、いつも必ずこの言葉を伝える。自動車用ステッカーの標語のような響きがあるものの、よい生き方についてポジティブ心理学研究が理解を深めてきた幅広い知見を要約する言葉として、実にピッタリくる。

私たちが喜びを経験するのは、多くの場合、他者とともにいるときであり、その喜びの余波もまた、他者と共有されるときに最も味わい深いものになる。多くの人は、「感謝」といった他者とのつながりを強めるキャラクター・ストレングスを通して、人生の中に満足感や意義を見出すことができる。仕事をするにしろ、愛情を抱くにしろ、何かを楽しむにしろ、そこには常に他者の存在がある。現代のアメリカのような著しい個人主義的文化の中にあっても、他者との良好な関係は自分自身の幸福にとって必須の条件と言えるだろう。

さて、一般論はこのくらいにして、他者が大切であることのよい例となる二つのエピソードを紹介したい。これらのエピソードは、私の友人であり同僚でもあるナンスク・パクが教えてくれた（ほら、やはり他者は大切だ！）。

実は、これらのエピソードを「ポジティブ心理学の事例」と呼ぶのは気が引ける。と言うのも、私はこれらの話の続きを知らないからだ。ただ、私が読んだ話の概要から、何を抜き出せるかだけは分かっている。だから、これらの話についてはたんなる例としてとらえていただきたい。とはいえ、これらは本当によい例だ。それは、私の中にずっと残っているように、読者の皆さんの中にも残り続けるのではないかと思う。

ナンシー・メイキンは、失望による行動がまた失望を生むという負のスパイラルが続いた結果、体重が三二〇キロにまで増えてしまっていた。[35] 食べれば食べるほど落ち込み、落ち込めば落ち込むほど食べたくなるという悪循環の中にいたのだった。数年間、彼女は最も近しい家族以外とは誰とも会わず、家の中に引きこもっていた。そんな中、あるとき彼女は姉妹からパソコンをプレゼントされたのだった。すると、政治に関心を持っていたナンシー・メイキンは、インターネットを利用してチャットルームを行き来し、同じ関心を持つ新しい友人を作り始めたのだ。もちろん、そこには彼女に対して外見で判断する人は一人もいない。

そうこうしているうちに、彼女は自分のことを肯定できるようになり、次の日が来るのが楽しみになっていった。彼女はこう語っている。

「私は、顔の見えないどこか遠くの人たちに愛され、成長させてもらいました……。顔は知らなくても彼らは間違いなく私の友人で、私自身の心と魂に即したありのままの私を受け入れてくれたのです」

そして彼女の体重は減っていった。ダイエットをしたわけでも、薬を使ったわけでも、手術を受けたわけでもない。何か特別なエクササイズをしたわけでもない。たんに、食べすぎることがなくなったのだ。そしてその体重は、三年後には二四〇キロも落ちたのだった。

「たった二〇キロでも痩せられたらもっとずっと幸せになれるのに……私はいつもこう思っていました。でも、今回の経験を通して、それとは真逆のことが正しいのだと気がついたのです」

彼女の場合、「自分は幸せだ」と感じることで体重が減ったわけだが、「自分は幸せだ」と感じることができたのは、新しい友人のお陰だったのだ。

続いて、ウェールズの首都カーディフにあるマクドナルドで働くルーク・ピタードの話を紹介しよう。宝くじに当選し、一三〇万ポンド（約二億五〇〇〇万円）の賞金を手に入れた彼は、典型的な宝くじ当選者が辿るのと同じ道を進んだ。つまり、彼は仕事を辞め、新しい家を買い、豪華な結婚式をし、夢のようなバカンスを楽しんだ。そんな新しい生活スタイルになって一八ヶ月がすぎたとき、彼は突然仕事に復帰したのだ。

一体なぜだろう？　彼は、一緒に働いていた同僚のことが恋しくなったのだ。同僚たちは、彼が職場に戻って来るのを歓迎した。彼の同僚のひとりはこう語っている。

「僕らのチームの中で、ルークはいつだって最高のメンバーだったよ。だから、彼が宝くじに当たったとき、僕らはみんな本心から彼のために喜んだし、僕は、彼が賞金を使って楽しんでいるのをすごくいいことだと思っていた。だけど、彼がここに戻って来てくれることは本当に嬉しい……まるで、彼がしばらくいなかったというのが嘘みたいだ」

ルーク・ピタードは、自分のことを、「残りの賞金につく利子よりも少ない給料しかもらえない仕事に戻るなんてどうかしている」と言う人がいるであろうことを自覚している。彼はしかし、「別に、僕がちょっとしたハードワークをすることで誰かに害を与えるわけじゃないだろう」と説明する。その上、「毎日が楽しみになるのはこの仕事のお陰なんだ」とも言っているそうだ。

どちらも、「よくある話」とはとても言いがたい。だからこそ私は例として彼らの話を使いたいと思った。ネットサーフィンがダイエットのための確実な手段とは言えないし、時給七〇〇円程度の仕事に復帰することで宝くじの当選者の悩みが解消するという保証もない。しかし、ナンシー・メイキンとルーク・ピタードが発見した、あるいは再発見したよい生き方には、他者の存在が密接に関わっていた。彼らは、他者との関わりの中に希望や意義を見出したのだ。

よい生き方を模索するとき、この二つのストーリーと彼らが教えてくれた教訓を心に留めておくとよいだろう。他者は、大切なのだ。同時に、ナンシー・メイキンのチャット仲間やルーク・ピタードの仕事仲間のことも忘れてはいけない。そう、私たちは皆、誰かにとっての非常に大切な他者なのだ。

21 感謝——「あなたは私にとって大切な存在だ」と相手に伝えることのメリット

Gratitude: Letting Other People Know They Matter Benefits Us

感謝の気持ちは、頭ではなく心に刻まれた記憶から生まれる。

——ライオネル・ハンプトン

先日、同僚と話をした際、一五歳になる彼の息子がキャラクター・ストレングスのオンライン・テストを受けたと言っていた。彼の息子のトップ・ストレングス（最高位の強み）は「**感謝**」だったそうだ。同僚は頭を横に振って、「とてもそうは思えないよ……」と顔をしかめた。「君の息子には、質問項目がうまく機能しなかったのかもね」という答えもあっただろうが、私はそうは言わずにこう答えた。「きっと君の観察力が甘いんだろう」。同僚だけでなく彼の息子のためにも、オンライン・テストの結果が妥当なものであったと信じたかった。というのも、「感謝」は、人生満足度や、それに伴うすべてのよい事柄との関連が最も頑健《ロバスト》なキャラクター・ストレングスの一つであることが我々の研究から示されているからだ[36][37]（さまざまな条件下で同じ結果が出る場合は「頑健《ロバスト》である」とする）。

「感謝」は、人と人との感情的なつながりを築く役割をするため、我々は「**心のストレング**

ス」(strength of the heart) と呼んでいる。誰もが感謝の気持ちを声に出して明確に表現するわけではないのはたしかだが(一五歳の少年もそうだろう)、感謝というものがいかに重要であるかを考慮して、その気持ちによくよく耳を傾けなければならない。

よく感謝をする青年というのは一体どこがどう違うのか、また、感謝できる気質がよいものとされるのはなぜなのか、それを明らかにしたのがジェフリー・フロー、ジャコモ・ボノ、ロバート・エモンズの研究である。[38] 彼らは七〇〇人の中学生を対象に、ある時点での感謝度を自己評価尺度で評価し、その後少し経った時点での人生満足度と社会的統合性を測定する実験を行った。

結果は明確だった。ある時点での感謝度が高いほどその後の人生満足度も高く、また、感謝に伴う影響の一つとして社会的統合性が上昇していた。これらの結果は先行研究とも合致するものであった。したがって、**「感謝」はたしかに、人と人とを結びつけるもの**なのだ。

数年前、なぜそうしようと思ったのかは忘れたが、私は自分が受け取ったお礼のメッセージカードやメモを研究室の掲示板に貼るようになった。私はこれを「感謝の掲示板」と呼んでいる。それまでの私は、そのようなカードやメモを一読すると、ニコッとして、そのままゴミ箱へ捨ててしまっていた。これは本当に信じられないほど愚かな行為だった。掲示板にカードやメモを貼るのは、自分が誰かによいことをした事実を忘れないようにするためではない(自分が受け取るお礼のほとんどは、学生の次の進学先への推薦状書きや、ゲスト講師としての講義など、仕事の一部である日常的な業務に対するものだ）。

そうではなく、いつでも人の感謝の心を思い出すために貼るのだ。そして、自分が落ち込んだときや悩んでいるときには、この掲示板を見て、人が自分に感謝してくれていることについて自分自身ありがたく思うようにしている。何と素晴らしい世界だろうか。ここで言う世界とは、具体的には、私たちが生活する実社会のことだ。

他者は大切だ。しかし、人の心が読める人などほとんどいない。だから、相手に「**あなたは私にとって大切だ**」と伝えるようにしよう。それは相手にとっても有益なことで、またあなた自身にとっても間違いなくよいことなのだ。

22 涙とテストステロン

Tears and Testosterone

涙は瞳の美しきことばだ。

——ロバート・ヘリック

二〇一一年のサイエンス誌に掲載された論文が、研究者や一般大衆の注目を集めた。インターネット上でも話題になったこの研究は、たしかに面白く、世間の目を引くのはもっともであった。これは、シャニ・ゲルスタイン率いるイスラエルの研究者チームが行った研究で、他人の涙によって引き起こされる生化学的影響が調査された。[39]この研究の結論は、「**複数の尺度で測られた男性の性的興奮度が、女性の涙によって減衰した**」というものであった。

論文の要旨をここに引用しよう。

女性の研究参加者が流した、ネガティブ感情に由来する無臭の涙の匂いを嗅ぐだけで、男性は女性の顔写真から性的な魅力を感じにくくなった。涙の匂いを嗅いだ後では、男性の性的興奮度は、自己評価による値と生理学的に測定された値のいずれも減少し、さらにテストステロンの量も低下していた。そして、最終的にはｆＭＲＩ（機能的磁気共鳴画像）によって、女性の涙は、男性の性的興奮に関わる脳の基質の活性を選択的に下げる働きをしていたことが明らかになった。

研究者らは、悲しい物語の映画を鑑賞した女性が流した「悲しい涙」を吸収パッドに集め、それを男性に嗅がせた。ここで、対照群の研究参加者は、食塩水を吸収したパッドの匂いを嗅がされた。ちょっと考えてみれば、涙には嗅ぎ分けられるほどの強い匂いはないことは皆さんも知っていることと思う。にもかかわらず、涙には性的興奮を下げる効果があったのだ。この研究成果を取り上げたインターネット上の多くの記事では、「涙が男のやる気を奪う」などといった見出しがつけられた。たしかに、性的興奮に焦点を絞れば、この見出しは何ら間違っていない。

しかし、それがすべてなのだろうか？　涙は男性の性的なやる気を奪うかもしれないが、他の意味でのやる気をも奪うのだろうか？　私は、少なくとも自分自身の経験上、そうではないと思う。私は涙を見ると、相手の悲しみを真剣に受けとめ、相手を助けたいという気持ちや、相手を慰めてあげたいという気持ちが高まり、相手に肩を貸すか、手を差し伸べるよう促される。そうすることを性的興奮によって妨げられないのであれば、なおさら素晴らしいことだ。実は、テストステロンは性的興奮と関連しているだけでなく、攻撃性とも関連している。つまり、涙を見せることで、男性をより優しく、より紳士的にするという効果も得られるのだ。そうした効果の裏に生化学的根拠が存在するとすれば、それは何とも信じがたいほどに興味深いことだ。

研究者らは、まだ特定には至っていないものの、涙には何らかのシグナルを送る化学物質が含まれているはずだと結論づけた（私も同意見だ）。まだまだ研究の余地が残ってはいるが、面白い研究というのは必ずもっと多くの研究へと発展するよう刺激するものであるから、今後の展開は大いに期待できそうだ。

23 科学で失恋を癒すことができるか?

Dealing With the Pain of Romantic Breakups: Some Research-Informed Suggestions

失恋のことを「心が壊れる《ハートブレイク》」と呼ぶ理由が私にはわからない。私には、心だけでなく、身体中のあらゆるパーツが壊れたように感じるのだ。

——ミッシー・アルチド

今日の心理学の研究室では戦略的にｆＭＲＩ（機能的磁気共鳴画像）を使うことが増えてきた。研究参加者は巨大なスキャナー装置にセットされ、脳の写真が撮影される。参加者が何らかの活動（まったく何もしていない状態という場合もある）を行っている間の血流が画像化され、それによって、脳内でより活発に活動している部位とそうでない部位とが示される。

脳の構造と機能という観点から人の活動を解釈することへの関心が、心理学者の中で高まりつつあることを考えれば、こういった方法が研究戦略として用いられることにもうなずける。だが、この戦略にはそれ特有の課題もある。

まず、脳の画像化は非常に高額なため、ｆＭＲＩを用いる場合、研究参加者はごく少数に限られてしまい、それが研究計画を立てる際の大きな制約となる。また、ｆＭＲＩで得られる結果のほとんどは一〇〇パーセント実証的なものであり、単純に何と何に相関があるのかを測定するだけである。そのため、研究者たちは、たんに偶然によって起きる関連性を報告しているだけであって、しかもその偶然が起きる確率は、サンプル数が少ないために高められているのだとの批判を受けてきた(40)。

私個人の意見としては、他のどんな研究手法においても同じことが言えるのだが、fMRIで得られた結果は、その結果を理解するための理論があり、特にその理論によって研究のデザインや分析が導かれる場合に最も役立つと考えられる。脳画像研究で扱い得るパラメータは無数にあるのだが、理論の助けを得れば、自分の研究にとって注目し重要視すべきパラメータがその中のどれであるのかを知ることができる。しかし、理論によって導かれる過程がなければ、私たちが見るものは研究結果に対する後づけの解釈であって、それはたんなる後づけでしかない。fMRIを使った実験では、多くの場合、生物学者のスティーブン・ジェイ・グールドが数十年前に「**なぜなぜ物語**」と呼んだ類の例が見受けられる。

ただし、例外もあり、例外は注目に値する。ミシガン大学の心理学者イーサン・クロスらによって、理論ベースのfMRI研究の例が最近報告された(41)。彼らの研究はとても大きな注目を集めたのだが、それは当然のことだ。

クロスらは、失恋したばかりの研究参加者を四〇人集め、さまざまな条件下で脳の画像を撮った。ちなみに、研究参加者たちは、振った側ではなく振られた側で、ひどく拒絶されたという感覚を持っていた。この実験で、別れたばかりのパートナーの写真を見ているときに活動する脳の部位は、熱刺激による身体的な痛み（平たく言えば「熱さ」）を経験しているときの活動部位と一致することが分かった。当然、この研究についての大衆向けの報道では、「愛は痛みを伴う」という見出しがつけられた。

大衆向けに書かれた記事は、失恋後の痛みは「紛れもなく本物の痛みだ」と結論づけたが、この結論は綿密に吟味されるべきだ。失恋の痛みが（心理学的に言って）本物であるというのは、事実として誰もが知っていることであって、それを示すためにｆＭＲＩによる実験をする必要などない。もっと言えば、失恋の痛みに脳と神経系の活動に基づく根拠があることは、私たちのあらゆる思考、感情、行動のすべてに、脳と神経系の活動に基づく根拠があるのと同様、至極当然のことだ。それが間違いであると信じるのは、はるか昔に心理学者によって否定された徹底的な心身二元論を支持するのと同じことだ。繰り返すが、ｆＭＲＩによる実験は、このことを証明するために必要なのではない。

では何が重要なのか。それは、失恋が原因で起こる痛みと、身体的刺激が原因で起こる痛みとが、脳の画像上で、また脳の活動という意味合いにおいて、「同じように見える」ということだ。

このことは実に興味深く、一つの明確な仮説がこの結果を導き出している。その仮説には理論的な含みがあり、そしておそらくは実質的な含みもある。

理論的な含みについて、ここで私が自分なりの「なぜなぜ物語」を話すならば、**失恋はおそらく、人間の進化の過程ですでに備わっていた脳の構造と機能とに便乗した、**ということではないだろうか。その脳の構造と機能とは、すなわち、社会的な拒絶を「痛み」と位置づけ、たとえば受けたダメージから回復する時間を確保するために、痛みの原因から自分を遠ざけるというような、身体的痛みによって促されるさまざまな行動を可能にするものだ。

また、実質的な含みとは、この研究によって、社会的拒絶による痛みに対処するための方法が示唆されたことだ。第一に、痛みの根源（すなわち自分を振った相手）には「向き合う」べきではないだろう。少なくとも痛みを和らげたいのであれば、そうすべきでないだろう。ストーブで手を火傷した人に対して、「ストーブと向き合いなさい」とアドバイスする人などいない。手に火傷を負った人に、起きた出来事について「整理」させたり「説明」させたりはしない。ストーブを消して、今後はもっと気をつけるようにとアドバイスするのが普通だろう。

ところで、人間関係のトラブルは、薬物使用の前兆となるのだが、それはおそらく、つきまとう痛みから解放されようとするためだ[42]。今朝、ネットサーフィンをしていたとき、何と、合法、非合法にかかわらず、失恋後に「最適な」薬というのを専門に扱っているウェブサイトを発見した！　そこで勧められていた薬のほとんどは、鎮痛作用のあるものだった。

それらは間違いなく効くのだろうが、薬の使用には、いかに短期的によい効果が得られたとしても、危険な長期薬物依存につながる薬物乱用へ移行しやすいという危うさが伴う。悲しいかな、私のこの忠告は、チョコレートアイスはもちろん、アルコールや感情を静める鎮静剤にも関係する。

では、身体的な運動はどうだろう？　研究は、エネルギッシュなエアロビクス運動をすることで肉体的な痛みが和らぐことをはっきりと示している。それ相応の研究が必要ではあるが、おそらくは、社会的拒絶による痛みもエアロビクスによって緩和することができるはずだ。もしかしたらそんな研究はとっくに行われていて、ただ私が見落としているだけかもしれないが……。いずれにせよ、ここにはっきりとした仮説があるわけだ。

そして、よい生き方を伴う人生、あるいは少なくとも痛みのない人生のために科学が貢献し得るのならば、こうした仮説を持つことが大事だ。

24　幸福と雑談と大事な話

Happiness, Small Talk, and Big Talk

一流の人は自分の考えについて話し、普通の人は物事について話し、三流の人間はワインの話をする。

——フラン・レボウィッツ

私たちの誰もが会話をする。それが人間というものだ。

だが、その話題は、重要なテーマに関するものだろうか、それとも取るに足りない事柄に関するものだろうか？　いわば、大事な話をするのか、それともたんなる雑談をするのか、ということだ。そして、その会話のスタイルは、自分たちがどんな人間であることを意味するのだろうか？

私は、雑談の名人だ。ほとんど誰とでも、どんな話題でも、延々とおしゃべりし続けることができる。天気の話題でも、地元のスポーツチームの話題でも、前の晩のテレビ番組の話題でも、何でもいける。カクテルパーティーでのおしゃべりは私の得意とするところだ。私はずっと、この特技は純粋によいものであり、もっと深遠な社会的スキルとは言わないまでも、少なくとも私の饒舌さを示してくれるものだろうと思ってきた。

さて、そんな私は「とてもハッピーな人間」と言えるのだろうか？

マティアス・メールらによる研究によれば、どうやらそうでもないらしい[43]。彼らは、七九人の大学生に、四日間、オーディオレコーダーを身につけさせ、普段通りの生活を送らせた。起きている時間帯に、ランダムな間隔で、毎回三〇秒間、話し声が録音され、一人当たり約三〇〇〇、合計でおよそ二万四〇〇〇の会話の断片が集められた。研究者らは、その会話断片を、「雑談」（取るに足りない些細な情報をめぐる、平凡で単純なやり取り）または、「実のある会話」（意味のある情報をめぐる、込み入ったやり取り）の定義に基づいてコード化し、分析を行った（すべての会話のうち、一八パーセントが雑談、三六パーセントが実のある会話としてコード化され、残りの会話は明確に分類することができなかった）。

また、研究参加者の幸福度についても、複数の尺度で評価された。

結果は分かりやすいものだった。第一に、他人との会話の時間が長い人ほど幸福度が高かった。これは幸福についての社会的基準を考えれば何ら驚くことではない。第二に、雑談の量は幸福度と負の関係を示した。そして第三に、実のある会話の量は幸福度と正の関係を示した。つまり、幸福な人は、他人との社会的活動に積極的に関わっていて、その関わりには実質的なやり取りが必要だ、ということだ。

研究者らは、これらの結果における因果関係は明らかになっていないことを認めている。大事な会話が幸福度を高めるとも考えられるし、幸福度の高さが大事な会話につながるとも考えられる。また、雑談が幸福度を下げるとも、幸福度が低いから雑談が多くなるとも考えられる。それでも、少なくとも私にとってはこの結果は興味深いものだ。と言うのも、私の予想と反する結果だったからだ。

私は、おしゃべりすること（つまり雑談）が、より高い幸福度の指標となり、一方で、大事な話が多いことは、その人の影の部分、もしくは少なくとも重く退屈な部分を象徴するのだと思っていた。ところがどうだろう……これだから研究は大切なのだ。

ただ、念のためにつけ加えておくが、この研究で「実のある」という評価を得られるような会話をするのに、特段、人生の意義だとか、自分の重大な秘密を打ち明けるといったことが必要なのではない。そうではなく、むしろ「実のある」会話に大切なのは、相手との込み入ったやり取りなのだ。言い換えれば、会話自体というよりも、実は研究参加者たちの会話の相手こそが重要だった、ということだ。

最後に、「会話のテーマが原因となり、その結果として心理学的ウェルビーイングが決まる」という因果関係が成り立つと仮定した場合、この研究に対する「だから何?」という問いへの答えはとても明確だ。それはつまり、**重要な話を、特にあなたの話に関心を向けてくれる相手とすればいい**、ということだ。

25 友達を作ること、友達でいること

Having a Friend and Being a Friend

友人を得る唯一の方法は、自らが友人となることである。

——ラルフ・ワルド・エマーソン

研究参加者の総数が三〇万八八四九人にものぼる、全一四八本の前向き研究《プロスペクティブ・スタディ》（現在を起点として、未来に向けて起きる事象を調査し分析する研究）が、ジュリアン・ホルト＝ランスタッド、ティモシー・スミス、ブラッドリー・レイトンによってレビュー論文としてまとめられた。(44) 社会的つながりと長寿に焦点が置かれたそのレビュー論文の結論は、明確で興味深いものだった。定量的な指標と定性的な指標との両方で評価された社会的つながりの度合いが強かった人は、社会的つながりの弱かった人に比べて生存確率が五〇パーセント高いことが示されたのだ。この結果は、年齢、性別、当初の健康状態、死因、追跡調査の期間に左右されることなく安定していた。

やはりここでも、「他者は大切だ（Other people matter）」と繰り返すことになるのだが、このケースでは、寿命の延伸という観点でその大切さが強調されている。

では、ここで、簡単な選択式テストをやってみよう。このレビュー論文が示した、信頼性が高く、しかも頑健性《ロバストネス》を持つ結論を読んだとき、あなたは最初にどのように反応しただろうか？

A：自分には何人の友人がいるのか？　そしてその人数は、自分が意義のある人生を長く過ごすのに「十分な」人数なのだろうか？　と考えた。

B：自分は何人の人の友人なのだろうか？　そしてその人数は、他人が意義のある人生を長く過ごす手助けをするのに「十分な」人数なのだろうか？　と考えた。

正直に言うと、私の即座の回答はAだった。しかし、考えているうちに、Bもかなりよい答えで、道徳的に見たらAよりもBの方がよいのかもしれないとも気がついた。ここで学生諸君に一言。

「テストの問題文を読んですぐに思いついた答えは、いつも正しいとは限らない！」

ところで、ポジティブ心理学が個人にフォーカスしすぎているとの批判を受けることがある。実際、ポジティブ心理学の発見は、個人にとってどのように有益か、という観点で人々に伝えられることが多い。言い換えれば、あなたの幸福度の向上や、成功、健康、そして長生きにどう有益であるか、ということだ。しかし、正しいことをするのは、必ずしも個人にとって有益であるとは限らない。それでもなお、正しいことはどこまでいっても正しいことに変わりはない。

友情の場合、そこにトレードオフは存在しない。（すべてでなくとも）多くの友情は釣り合いが取れたものだろう。ここでのポイントは、主にあなたが友情の価値をどう構築するのか、ということだ。それはすべてあなた次第なのだろうか？　それとも他人をも巻き込むものなのだろうか？　今回のレビュー論文によれば、これはどちらも正しい。

では、ここから何が言えるのだろう？　おそらく、友情がいかに有益であるかを考えるときは、自分にとってではなく、他人にとってどうかと考えるべきなのだ。人々の関わりにおいて、友人を持つことで最も得をするのは誰なのだろうか？　たぶんそれは、すでに周囲から好かれている人たちではない。孤立気味で、少し不器用で、どこか気難しいと感じる人物と友達になろうとしたときのことを思い出してみよう。きっとあなたも私と同じで、そのような機会は**ほとんどなかった**か、**まったくなかった**のではないだろうか。

しかし私はそれを変えたいと思っている。

また、逆に私自身が（もしかしたらあなたも？）孤立気味で、少し不器用で、どこか気難しい人間である可能性があるとすれば、データに基づいたこの道徳的メッセージを心に留めて、正しいことをしてくれることを願う！

読者の皆さんもともに、私たちは全員、この宇宙船地球号の乗組員なのだから。

26　赤ちゃんはいつでもわかってる

Infants Get It Right

いい奴らっていうのはビリで終わるものだ。

――レオ・ドローチャー

ある同僚が、イェール大学の乳幼児認知力研究室で行われているとても興味深い一連の研究について教えてくれた。

その研究者たちは、乳幼児が「いい人」を好むことを示すためのパラダイムを開拓していた[45]。実験中、ずっと親の膝の上に抱き抱えられていなければならないようなとても幼い子どもたちは、二種類のキャラクター人形が登場する人形劇を見せられる。劇中、キャラクター人形の一方が、急な坂道を登るのを手伝ってあげる、箱のふたを開けてあげる、スーパーボールを拾ってあげるといった行動で他のキャラクター人形を助ける。それに対して、もう一方のキャラクター人形は他のキャラクター人形の行為を妨害する。劇を見た乳児は、人助けをした方か、その邪魔をした方かのどちらか一つのキャラクター人形を選ぶよう促されるのだが、八〇パーセントの確率で乳児は「いい人」だった方の人形へ目線を向けて、そちらを先に触るか掴むかしようとしたのだった。

これらの研究を紹介する映像がネット上に投稿されたとき、私は感動した[46]。親切な方のキャラクター人形を触ったり掴んだりしているとき、赤ちゃんはいつも笑っている様子だったのだ。

この研究は、乳児がいい人を好むことを証明し、乳児にはいい人を好む性質が生来備わっているか、少なくとも言語の獲得時期よりは早い段階から備わっていることを示唆している。子どもが白紙の状態でないことは明らかだ。もしかすると生まれた当初から本当に正しく理解しているのかもしれない。妨害するような人よりも、親切に人助けをする人を好む方が好都合であるのは疑う余地のないことだ。

この研究は、科学的なメディアでも、また一般大衆向けのメディアでも、「**赤ちゃんの道徳性**」という標題のもとで議論されてきた。乳児の内に備わる、道徳的な善に対する生得的な選好性（「イエス」か「ノー」か）について再考するのに、この研究成果はいつも引き合いに出される。ここで、道徳的に正しいというのは、私たちにとって必ずしも有益なことばかりではなく、優しさ（人を助けようとする気持ち）は道徳的な善と混同されるべきではない。すべての条件が同じだとすれば、優しさは多くの道徳的行動を特徴づけるが、それは一〇〇パーセントではない。

私が犯した罪のうちのいくつかは、まさに私が人に優しくしようとした結果であった。つまり、自分の学生に対して敷居を高くしすぎなかったことや、相手にとってつらい真実を伝えなかったことや、その人自身が自分のためにすべきことを代わりにやってあげたことなどだ。しかし、この研究結果は、誇張せずとも、**乳児の意識が、人を妨害する人間よりも、人を助けるという、私が「善」と名づけることに決めた行動スタイルを取る人間の方へと向いている**ことを証明したという点で、十分に注目に値する。

私たちが（いわば）成熟するにつれ、優しさを好むという成長初期の性質を忘れてしまったような人も出てくる。よく引用されるレオ・ドローチャーの「いい人は負け組だ」という有名な言葉は、人生のさまざまな領域に当てはめられて解釈されている。実はかく言う私も、数週間前にシニカルな引用をしてしまったばかりだ。それは以前耳にした、「門戸開放政策の立場をとる人は全米科学アカデミーのメンバーに選出されることはない」という趣旨の言明に再び触れたときだった。（もっともこれは、真偽の分からない言明だったのだが……。）

私たちは、優しさから逸脱してしまうことを正当化する。逸脱している人たちが競争力を持っているようであれば、その人たちを許してしまうのだ（これは後で読むと何ともひどく耳障りな言い回しだ）。そして私たちの多くは、不良少年や性格の悪い少女、またはそういう類の大人に魅了される。その先に必ず訪れる心痛にもかかわらず、だ。

私たちはたいてい、他の人のちょっとした親切（優しさ）を受け入れはするものの、おそらくそうされることが当たり前だと思っている。私たちは「いい人」に感謝できているだろうか？　いい人たちに対して、一点の曇りもなく好意的な感情を抱いているだろうか？　私たちは本当に、悪い人よりもいい人の方を好ましく思っているだろうか？　赤ちゃんは正しく理解している。だが、周りの大人たちはどうなのだろう？

現在の道徳教育《キャラクター・エデュケーション》では、道徳性や優しさについて、子どもたちが知らない部分を教えようとすることに大きな努力が向けられている。ここで私は、道徳教育の別の目標を提案したい。それは、幼い子どもたちがすでに知っていることを、そのまま大切にして傷つけないようにする、ということだ。

いい奴らがビリで終わるというのは真実ではない。いい奴らは、ゲームが始まる前からすでに勝者なのだから。

——アディソン・ウォーカー

27 幸福にウイルス性（感染力）はあるか？

Viral Happiness

一本のロウソクから何千本ものロウソクに火を灯すことができる。それでも一本のロウソクの命は縮まりはしない。幸福は決して、分かち合うことで減るものではないのである。

——ブッダ

ポジティブ心理学研究で特に定評のある発見の一つは、**幸福度や人生満足度を決める重要な要因の多くが「社会的なもの」だ**、ということだ。ジェームズ・ファウラーとニコラス・クリスタキスの研究によって、幸福が社会的ネットワークの中で広がっていくことが示され、この発見はさらに強固に裏づけられたものとなった。(47) 自分の幸せのレベルは、友人や配偶者の幸せのレベルと一致する可能性が高く、友人や配偶者の幸福度が上がれば、自分の幸福度もともに上がることが多い。

他でもないこの研究結果が重要であるのは、とかくひどい個人主義的な（利己的な、という人もいるだろう）主張がされがちなポジティブ心理学の守備範囲を広げられるからだ。個人主義的というのはつまり、ポジティブ心理学が、ポジティブな感情、成功、健康といった、個人にとっての望ましい結果を理由に幸せになろうと訴えるところにある。ファウラーとクリスタキスによる研究は、個人の幸福に関する新たな論拠を示した。それは、**個人の幸福は他者の幸福にもつながり、さらには他者にとって望ましい結果をもたらすことが期待できる**、ということだ。つまり、幸福の追求は、利己的な追求以上のものである可能性がある。この研究はメディアにも大きく取り上げられて注目を浴びたが、研究の中身をよく考察し直してみるのは大切だ。と言うのも、どうも大切なニュアンスを適当にごまかして説明してしまったようなメディアも中には見受けられるからだ。

たとえば、私の大学の学部長の一人が、あるとき我々教職員に向けて、「幸せになるように」と促す内容のメールを送って来たのだ。ファウラーとクリスタキスの研究には特に触れていなかったが、メールのタイミングと内容から察するに、彼がよかれと思ってやったこの激励は、この研究に関するメディア報道に触発されてのことだろうと思う。彼は、一人が幸せになれば職場全体も幸せになれるから、同僚のため、さらには大学全体の目標達成のために、我々教職員は全員で「幸せになるべきだ」との意見を持ったのだった。だが困ったことに、この研究では、職場の同僚間における「幸福の感染」は示されていなかった。**幸福の感染は、友人同士や夫婦間でしか起きなかった**のだ。

この研究では、一九八三年から二〇〇三年の間にフラミンガム心臓研究に参加した数千人の個人データが分析された。これらのデータには、研究対象の個々人の情報だけでなく、その家族や親しい友人、隣人、同僚の情報も含まれていた。対象はアメリカ人の男女で、そのほとんどが中高年であり、平均で大学を数年間修了していた。

幸福度は、うつ評価尺度のうち四つの逆転項目を使って測定された。つまり、うつの兆候を評価する目的で作られた、うつの兆候とは正反対の状態についての質問のことで、「未来に対して希望を感じている」、「自分は幸せだ」、「人生を楽しんでいる」、「自分は他人と比べてまったく劣ってはいないと感じる」というものだ。これらの項目は一貫しており、幸福度の尺度としては妥当なものだ。ファウラーとクリスタキスは論文の中で、幸福について操作的な定義づけをしたと述べている。つまり、これら四つの各項目について、スコアが最も高い場合(回答が「ほとんど、またはいつも」である場合)を「幸福である」と定義した。

第一の関心事は、身近な人の幸福は自分の幸福に関連しているのか(またはその逆はどうか)、ということだが、その答えは「イエス」だ。自分と社会的につながりのある一人の幸せな人間は、自分の幸福度を約九パーセント高める可能性がある。一方で、自分と社会的につながりのある一人の不幸せな人間は、自分の幸福度を約七パーセント下げる可能性がある。したがって、幸福の影響力は、不幸の影響力よりも少しだけ強いことになる。

さらに、私がデータを正確に理解しているとすれば、身近にいる幸せな人同士の結びつきの数と、一人ひとりの幸福度とは、完全に線形の関係にあって、結びつきが増えれば増えるほど幸福度が高まる。ところが、身近にいる不幸せな人同士の結びつきの数と、一人ひとりの幸福度とは、非線形の関係にある。つまり、身近にいる一人の不幸せな人物からの影響は甚大だが、その数が増えても、受ける影響はそこまで大きく変化しない、ということになる。

第二の関心事は、社会的ネットワークの中の一人の人間の幸福度が変化すると、その結果として他人の幸福度も変化するのかどうか、ということだ。この点については、つながりのある人物同士の関係性と、幸福度の時間的変化という観点からデータを詳しく見てみる必要がある。そして、答えは再び「イエス」なのだが、今回は条件つきだ。一マイル（約一・六キロメートル）以内の近い距離に住む友人の幸福度が上がると、その結果として自分の幸福度も上がる。これは同じ家に住む夫婦間でも同じ結果となった。しかし、遠く離れたところに住む友人間の幸福度の上昇は、自分の幸福度には影響しなかった。同じ職場の同僚の幸福度の上昇もまた、自分の幸福度には影響しなかった。

この研究結果は、信頼性が高く、かなり頑健《ロバスト》だったのだが、得られたデータだけでは、こうした現象の理由までは説明できないと研究者らは認めている。感情の状態の多くが文字通り伝染するというのは、心理学者の間ではよく知られていることだが、その場合に重要なのは、単純に物理的な距離だけだ。しかし、ここで話題にしている幸福の場合、物理的な距離が幸福の伝染をお膳立てするかもしれないが、それだけでは不十分だ。仮にそれで十分であるのなら、一緒に仕事をしている人間の幸福度や不幸度の変化が自分の幸福度に影響するはずなのだ。おそらく、幸福の伝染のためには、その相手を好きでなければいけないのだろう。

嘆かわしいことには、この推測は、私たちが同じ職場の人々のことを実はあまり好いてはいないことを含意している。もしかしたら、職場の人々というのは、競争相手か、もしくはオフィスの家具同然の存在なのかもしれない。幸福にウイルス性（感染力）があるとしても、接触の頻度にかかわらず、日常的な軽い接触だけでは感染しない、ということだ。

省察9の「幸福のよそ者《アウトライアー》」の中で、心理学的なよい生き方を送ることを重視することで結ばれた人の集団（これを私は「幸福のレガシー（遺産）」と呼んでいる）について熟考した。

こうしたレガシーを見つけるためにまず手始めに探すべき場所は、おそらく職場ではない。このことは、悲しいと思う反面、同じくらい興味深くもある。誰か、例の私の大学の学部長に、このことを教えてあげるべきだろう。できることなら、大学は今までのやり方を改め、教職員の友人や伴侶、または少なくとも幸福度の高い人物を雇うように努めるべきだ、との助言も添えて……。

第4章 よい生き方を可能にする制度

Enabling Institutions

ポジティブ心理学が始まった当初、その研究分野は、ポジティブな経験、ポジティブな特性、ポジティブな人間関係、そしてこれらを可能にするポジティブな制度の四つに区分された。この本の構成は、まさにこの四領域に従った章立てとなっている。このうち、ポジティブな制度は研究が手薄な部分だと言われているが、心理学という学問がそもそも人の集団よりも個々人に大きな関心を向けるものであることを考えれば、当然と言えなくもない。

それでも、少なくともポジティブ心理学においてはその状況も変わってきていて、ポジティブな制度についても多くの知見が蓄積され始めている。ここからの章では、このポジティブな制度に焦点を置き、ポジティブ心理学が最近特に関心を寄せている研究を紹介する。

まずは、家族という制度から見てみよう。次に、ポジティブ心理学という視点から見た「職場」というものについて、比較的新しく得られた知見を基に話を進める。大人になってからの人生において、私たちは非常に多くの時間を仕事に費やしている。私たちは、仕事に就くことや、仕事をすることを望んでいるのだろうか？　それとも、仕事大好き人間の一人なのだろうか？

仕事と言えば、私は教育者であるため、「よい学校」に対するポジティブ心理学的視点に特に興味を持っている。そのため、この章で、私の所属する学校、すなわちミシガン大学に焦点を置いた省察を一つ書いてみた。

人は、よい人生を創造することに責任を持つべきだ。しかしながら、意図せず住むことになった場所によって、ポジティブな経験をしたり、ポジティブな特性や才能を発現したり、ポジティブな関係を構築したりすることが、より容易になることもあれば、より難しくなることもある。ポジティブ心理学が大いに関心を寄せるテーマの一つに、「よい生き方を可能とするベストな環境とはどういうものか？」を知るということがある。

往々にして、地理的な場所、すなわち州や国がこうした関心の矛先となるのだが、特に多いのは国レベルでの調査だ。この章の最後の部分では、幸せな場所とはどのようなところのことを指すのか、近所のたまり場から、市、州、さらに国に至るまで、さまざまな場所に関する議論が展開されている。

28　本が捨てられないあなたへ——幼少期の母との思い出

Books Matter

本は調度品として作られたものではないが、
本ほどに家を美しく飾るものは他にない。
——ヘンリー・ウォード・ビーチャー

自分自身が物質主義者なのかどうか、私にはよく分からない。ただ、たくさんの物を欲しがるわりには、物を処分するのも得意な方だ。普段からよくクローゼットの中身を調べ、いくつか洋服を選んで、街の慈善箱（不用品を入れると、それが個人や団体へ寄付される仕組みになっている大きな箱）に入れに行く。また、食糧庫の缶詰は定期的に整理して、地元のフードドライブ（家庭で余った食料品を持ち寄り、食料を必要としている個人や団体を支援するための活動）へ持って行っている。それに、お皿やコップは救世軍に寄付するようにしている。テレビセットは何台も捨てたし、処分したパソコンの数は数え切れない。車に関しては、二回ほど廃棄したことがある。余った料理を冷蔵庫に残しておくことはしないし、焼き増しした写真をいつまでもキャビネットに取っておくこともない。

小間物が欲しいと思って買っても、またすぐに要らなくなる。それに、お金さえも捨てることがある。と言っても、別にまずい投資をするとかではない。友人や家族やさまざまな非営利団体から言わせれば、私は「気前がいい」ということなのかもしれない。しかし本当のところ、私はお金を稼ぐことが好きではあっても、お金を取っておくことにはさほど関心がない。

そんな私だが、今までに一度も処分したことのないものが一つだけある。それは、本だ。気に入らなかった本も、二度と読み返す気がない本も、または一度も読んだことがなく今後も一〇〇パーセント読まないだろうと思う本さえも、絶対に処分することはない。本は、少なくとも私にとっては、他の何物とも違うのだ。とにかく、私が本を処分することはない。貸すことはあっても、あげてしまうなどあり得ないことだ！

本棚にしまいもするし、積み上げておくこともあるし、どこかに詰め込んでおくこともある。私の場合、ベッドの周りだけでなく、ベッドの上も本の置き場となる。車のバックシートにも、トランクの中にも本があり、ときには冷蔵庫の中に本を保管していたこともある（理由は教えないが）。今のところ、オーブンを本棚として使ったことはないが、今それを思いついてしまった以上、今後はそれも十分にあり得る。

そういうわけで、私にとっては、「本が大切だ」ということが明確に示された研究は、非常に興味深いものだった。[48] 本当に、猛烈に好奇心をそそられた。

この研究では、二七の各国々の全国代表サンプルからデータが集められ、子どもの頃に「たくさんの」本（五〇〇冊以上）がある家庭で育った人と、家の中にほとんど本がない家庭で育った人の最終学歴が調べられた。七万人の人々のデータから分かったのは、本がたくさんある家庭で育った子どもは、ほとんど本のない家庭で育った子どもと比べて、学校に通った年数が三年長い、ということだった。この結果は、親の学歴や職業、社会的地位とは関係がなく、また、裕福な国と貧しい国の両方で同じ結果が得られた。そして、北アメリカ、ヨーロッパ、アフリカ、アジアの国々で、共産主義、資本主義にかかわらず、結果は同じだった。

少なくとも、本が身近にあることと、子どもの最終学歴との経験的関係を知りたいのであれば、この研究だけで十分であって、さらなる調査は特に必要ないだろう。

本は、（研究者らが提唱している通り）家庭における学問的な教養を象徴しているのだろうか？それとも、子どもの学業面の到達レベルを決める直接的要因となっているのだろうか？答えはおそらくその両方だろう。本が与えてくれるのはコンテクスト（前後関係）だ。帰納法的意味における原因などとは異なり、コンテクストというのは離散的な事象ではなく、私たちの価値観や行動に対して常に継続した影響を及ぼすものだ。コンテクストは長期的に残り続け、原因となるだけでなく、その影響を維持し支える働きをする。

我が家には、オシャレな洋服や、旅行、二台目の車、エアコンといったものに使うための余分なお金がなかったというのは、ピーターソン一家のエピソードとしてはもうお馴染みだ。しかし、そんな我が家でも、本のためであればいつでもお金が出てきた。また、東海岸にも西海岸にもヨーロッパにも行ったことがなかった我々だが、地元の図書館には毎週訪れていた。

私が育ったのは一九五〇年代で、私には双子の兄弟がいた。パンパース（紙おむつ）も託児所もない当時、母は二人分の育児に追われて疲れ切っていた。そこで母は、疲れた体を椅子に降ろし、我々兄弟を隣にポンと座らせて、本を読み聞かせた。それも、何時間も。本があるということ以外には特筆すべきことのない平凡で質素な我が家には、何時間読んでも尽きることがないほどの、たくさんの本があったのだ。

母には心から感謝している。何しろ私は、今でも大学にいるのだから……！

29　いつまでも幸せに暮らすために

Living Happily Ever After

人生に幸せは一つしかない――それは、愛し愛されることだ。

――ジョルジュ・サンド

ブルース・ヘディ、ルード・マフェルス、ゲルト・ワグナーは、二五年にも及ぶ大がかりな縦断研究を発表した。(49)この研究では、ドイツ社会・経済パネル調査（ＳＯＥＰ）のデータが使われているのだが、これは一六歳以上のドイツ人を対象に毎年行われる調査で、その全国代表サンプル数は莫大だ。この調査では、一九八四年から二〇〇八年にかけて、毎年、人生満足度が測定されていた。

この研究成果には興味深い部分が多々あったのだが、ヘディらが特に強調したのは、彼らのデータによって幸福の「**セットポイント理論**」がいかに間違っているかが示されたことだった。「人間の幸福度には遺伝的に決められた一定の基準値がある」というのがセットポイント理論だ。この理論によれば、ライフイベントによって幸福度が一時的に上がったり下がったりしても、それは一時的な変化でしかない。言い換えれば、どんなライフイベントの後であれ、人は必ず自分の本来の幸福度に逆戻りする、ということになる。つまりこのロジックでは、幸福度を持続的に高めることは不可能で、ポジティブ心理学者たちによる善意ある懸命な努力はそもそも不毛であった、ということになるわけだ。

セットポイント理論の問題点はどこにあったのか？　それは、ＳＯＥＰ調査のデータや、他の縦断研究が、「人の幸福度は一定に保たれている」という前提を支持しなかったことだ。もちろん、報告された幸福度にいくらかの安定性は見られたが、多くの人の幸福度は可変であり、実際に変化が見られたのだ。セットポイント理論が正しければ、調査の期間が長ければ長いほど、幸福度が一定である様子がよりはっきりと見えてくるはずである。しかし、**研究データはそのまったく逆のパターンを示した**のだ。

実際、ヘディらは、**幸福度を決定する上では、生物学的要素よりも心理学的要素の方が重要だ**、と結論づけている。

では、自分のスタート地点がどこであれ、家族でずっと幸せに暮らしていくためにはどうすればよいのだろうか？　ＳＯＥＰ調査のデータが示唆する要因は、次のようなものだという。

・感情的に安定した（ひどく神経過敏ではない）伴侶を持つこと
・利他的な目標や家族の目標、あるいはその両方を優先すること
・教会に行くこと（宗教的信仰心を持つこと）
・仕事と気晴らし（余暇）のトレードオフを満足いくものにすること——どちらも大切だが、偏ってはいけない。

ヘディらは論文の中で、これらの要因のことを「選択」と呼んでいた。それが正しいかどうかは、自分がどれだけ決定論者であるか、つまり、幸せがこうした要因によって因果的に決定づけられるとどれだけ考えるかにかかっているだろう。ただ、私たち人間のほとんどは、遺伝子はどうこうすることはできなくても、こうした要因に対して何かしら働きかけることはできるのではないだろうか。

30 父親の価値

What Good Are Fathers?

一人の父親は一〇〇人の教師に勝る。
――ジョージ・ハーバート

大学の図書館によくアクセスする人は、PsycINFO《サイクインフォ》に馴染みがあるかもしれない。これは、アメリカ心理学会が提供するさまざまなリソースをオンラインで利用できる、実に素晴らしいサイトだ。PsycINFO《サイクインフォ》では、一八七二年以降に英語で発表された心理学の学術論文を、キーワード検索を使ってコンピュータ上で探し出すことができる。

ある年の父の日の直前、私は次のようなキーワードで検索をした。

「母親（または）母親たち（または）母親の」

「父親（または）父親たち（または）父親の」

結果、私の予想は的中していた。母親に関する研究は九万七九五七件、父親に関する研究は三万五二三六件と、ヒット数はほぼ三：一だった。同様に、毎年、母の日と父の日に送られるカードやプレゼントの数を比較すると、だいたい似たような比が出てくる。★さらに、母の日にかけられた母親への電話の本数と、父の日にかけられた父親への電話の本数を見ても、やはり釣り合いが取れていないことが分かる★★。

ということは、父親よりも母親の方が重要だ、ということだろうか？　もちろん、そんなはずはない。カードやプレゼントや電話について私がこのように話せるのは、しょせん、インターネットから拾い集めたことくらいだ。それらの疫学を取り上げて、知的に何かを論じることなどできないが、心理学研究についてであれば多少語れることもある。

心理学者は、長い間、父親よりも母親に大きな関心を向けてきた。しかし、最近になってその状況は変わりつつあり、父親に関する研究は急激に増えてきている。さらに、研究の焦点にも変化が起きている。これまでの父親に関する研究と言えば、ほとんどが「父親の不在」をテーマにしていたのだが、近年の研究の多くは、父親の存在が子どもに与えるメリットに着眼したものだ。こうしたトレンドは、「何が人生をよくするのか」を探ることを目的とするポジティブ心理学の前提と一致している。つまり、父親の存在が子どもの人生をどうよくするのかを探るのもポジティブ心理学の一部、ということだ。ポジティブな側面に目を向ければ、ポジティブな側面が見えてくるものだ。

父親が子どもに与える影響を調べるための研究手法にはいくつかの難題がある。研究者は、母親からの影響と父親からの影響とを別々にとらえたいわけなのだが、当然これらは互いに関連し合っている。たとえば、父親が母親の意見にしたがって子育てをしている場合、父親との関わりの結果のように見えることも、本質的には父親の行動ではなく母親の行動から生じた結果、ということになる（当然、父親の影響を排除して、母親の影響のみを観察しようとする場合にも、同じことが起きる）。

同様に、家庭の経済状況も考慮されなければならない。貧困も、富も、直接的な関連はないものの、親の養育スタイルと、それに起因する子どもの結果のどちらにも影響を及ぼし得るからだ。

さて、父親の価値について、研究は何を示しているのだろうか？　綿密に行われた研究では、父親が子どもの一生に対してポジティブな影響力を持つことが示されている。ただし、その影響の詳細は、子どもの年齢や性別によってさまざまだ。また、どれくらいポジティブに影響するのかは、その人が「よい」父親であるかどうかにかかっている。当然と言えば当然だが、これは必須条件だ。虐待をするような父親は、子どもにとっては当然何のメリットもなく、むしろそういった類の父親の場合には近くにいない方がずっといい。

とはいえ、たいていの父親はよい父親だ。そして研究によれば、よい父親というのは、子どもの生活に積極的に関与している人のことを言うようだ。「積極的な関与」という大雑把で幅広い意味を含む言葉があえて使われているのは、よい父親になるための方法が一つだけではないというポイントが反映されてのことだ。

積極的な関与はしばしば、次の三つの側面から定義される。

郵便はがき

料金受取人払郵便

神田局
承認

2632

差出有効期限
平成29年11月
10日まで
（切手不要）

101-8791

535

千代田区外神田
二丁目十八―六

春秋社

愛読者カード係

＊お送りいただいた個人情報は、書籍の発送および小社のマーケティングに利用させていただきます。

(フリガナ) お名前	(男・女)	歳	ご職業
ご住所 〒			
E-mail		電話	

※**新規注文書** ↓（本を新たに注文する場合のみご記入下さい。）

ご注文方法	□**書店で受け取り**	□**直送（宅配便）** ※本代＋送料210円（一回につき）	
書店名	地区	書名	冊
取次	この欄は小社で記入します		冊
			冊
			冊

ご購読ありがとうございます。このカードは、小社の今後の出版企画および読者の皆様とのご連絡に役立てたいと思いますので、ご記入の上お送り下さい。
ご希望の方には、月刊誌「**春秋**」（最新号）を差し上げます。　**＜ 要 ・ 不要 ＞**

〈本のタイトル〉※必ずご記入下さい

●お買い上げ書店名（　　　　地区　　　　書店　）

●本書に関するご感想、小社刊行物についてのご意見

※上記感想をホームページなどでご紹介させていただく場合があります。（諾・否）

●購読新聞	●本書を何でお知りになりましたか	●お買い求めになった動機
1. 朝日 2. 読売 3. 日経 4. 毎日 5. その他 （　　　）	1. 書店で見て 2. 新聞の広告で (1)朝日 (2)読売 (3)日経 (4)その他 3. 書評で（　　　紙・誌） 4. 人にすすめられて 5. その他	1. 著者のファン 2. テーマにひかれて 3. 装丁が良い 4. 帯の文章を読んで 5. その他 （　　　）

●内容	●定価	●装丁
□満足　□普通　□不満足	□安い　□普通　□高い	□良い　□普通　□悪い

●最近読んで面白かった本　（著者）　（出版社）

（書名）

㈱春秋社　電話03･3255･9611　FAX03･3253･1384　振替　00180-6-24861
E-mail:aidokusha@shunjusha.co.jp

（a）子育てへの参加（子どもと直接触れ合うこと）

（b）物理的な距離（子どもが必要なときに近くにいて応答すること）

（c）責任（子どもに必要なリソースを与えること）

つまり、積極的に関与している父親は、子どもと親密で情緒的な関係を築き、子どものそばで一緒に過ごす時間を持ち、子どもに大切なことを教え、そして子どもにとって模範となるような人間なのだ[50]。

概して、積極的に関与する父親というのは、娘や息子に、よき男性、よき夫、よき親、よき人とはどういうものか、一生涯にわたってその例を示すものである。そして、成長する過程で父親から学んできたことの結果として、子どもたちは自分たちの人生でより賢明な選択をすることができるのだ。

結局、父親研究が示す重要な結論は、**積極的に関与する父親の子どもが、身体的にも、精神的にも、また社会的にも優れている**、ということだ。

ただ一つ厄介なのは、「質の高い」時間《クオリティタイム》という表現でとらえられる問題だ。「質の高い」時間について、言わんとしているポイントはよいものだ。それは、父親がただ物理的に子どものそばにいることよりも、子どもと一緒に何をするかが肝心であって、それは物理的にそばにいる時間が長くなっても同じことだ、というものだ。しかし、そこには境界条件というものがある。時間には、質的な意味と量的な意味の両方が含まれている。週に一度、一分間だけ、積極的に子どもと関わったところで、有益な効果はまったく期待できないわけだ。とは言うものの、質の高い時間がどこからどこまでのことを言うのか、それを決める厳密な条件というのは分かっていない。

多くの家庭では、父親は一家の稼ぎ手として自分の子どもに積極的に関与している。これはつまり、裏を返せば、父親が子どもと直接関わり合って時間を共有できる量は限られている、ということだ。一九五〇年代から一九六〇年代、私の父はまさにこのタイプのよき父親であった。父は、子どもの近くにいることはあまりなく、おむつを交換することも、子どもの涙を拭うことも、ＰＴＡの会合に参加することもほとんどなかった。だがその代わりに、シカゴ北部の郊外の家から職場のある南部まで、毎日片道六〇分以上かけて通勤し、一〇～一二時間働いた。そうやって父は、我が家の食卓にパンを用意し、我々兄弟が通う大学の授業料を払ってくれていたのだ。

まだ私が幼かった時分、一緒にいるときには父はいろいろな素晴らしいことをしてくれて、それらは今でも記憶に残っている。たとえば、復活祭《イースター》の日の卵探し《エッグハント》ゲームでは、いつも父が卵の隠し場所を示すヒントを書いてくれた。また、あちこちにバーンズ・アンド・ノーブル〔アメリカ最大級の書店チェーン〕が出現する以前は、よく一緒にいろいろな書店を訪れていた。それに、クラシックバレエから激しいロックのコンサートまで、数え切れないほどたくさんのショーへ連れて行ってくれたものだ。

幼い頃の我々兄弟には、主として稼ぐことを役割としている父親を持つことの意味を、完全には理解できていなかっただろう。だが、今はもうその意味が理解できる。父のお陰で、我々兄弟は質の高い教育を受け、その恩恵を受けることができた。父のお陰で、我々は懸命に働き、他者を大切にすることができるようになった。父のお陰で、我々の人生は、より価値あるものになったのだ。

今振り返れば、父はいつも存在していた。文字通りではないにしても、精神的にはたしかに存在していた。そして、いつも我々兄弟に関わっていたのだ。ある意味で、四六時中……。

父さん、ありがとう。心からの愛を込めて。

★ アメリカでの母の日商戦は毎年たいした盛り上がりを見せており、外食する人が一年で最も多い日とも言われている。アメリカ人は毎年、母の日のために、花束の購入に二六億ドル、プレゼントに一五億ドル（そのうちのジュエリーの売上げは、一年間のジュエリーの総売上げの八パーセントを占める）、メッセージカードに六八〇〇万ドルを消費するのだ。父の日に関して、同様の統計資料を手に入れるのはとても困難だった（これは私が主張しようとしているポイントを反映しているのかもしれない）が、いずれの消費量も母の日と比べて少ないことはだいたい分かる。

★★ 実は、アメリカ国内でかけられる一日の電話の本数は、毎年、母の日が最多である。それから、実に面白いことに、父の日というのは、アメリカ国内でかけられる**コレクトコール**の数が最も多い日なのだ！

31 リーダーが従業員を大切な存在として扱う会社は強い

Leadership Style and Employee Well-Being

リーダーシップというのは、昔は権力のことを指していた。しかし今日では、それはどうやら人々とうまくやることを意味しているようだ。

――ガンディー

ジャーナ・クオッパラ、アン・ランミンパ、ジュハ・リーラ、ハリ・ヴァイノによって、重要なレビュー論文が発表された。[51] 彼らは、職場におけるリーダーシップと、リーダーシップによって生じるウェルビーイングとを関連づけた複数の研究をまとめた。はじめに、関連のありそうな何百本もの論文が集められ、その中から、詳細なデータが十分に揃っていた二七本の論文が選定され、そのデータを使ったメタ分析が行われた。

ところで、メタ分析というのは、社会科学で使われるテクニックとしては比較的新しいもので、同じテーマに関する異なる複数の研究の要点を定量的にまとめる方法である。関連のある論文をいくつか読んでいると、他の論文で導かれている結論とは真逆の結論を出している論文があったり、また別の論文では結論に到達できていないこともよくあったりするのだが、こうした問題を解決しようとする試みがメタ分析だ。メタ分析では、より大きなサンプル数や、より綿密なデザインなどを用いた研究を強調しながら、分析の対象とする論文一つひとつを個々のデータポイントと見なし、研究結果が頑健《ロバスト》であるかどうかという観点から、全文献をまとめた要旨を導き出す。メタ分析は、研究で実際に示されていることをきちんと理解するための分析ツールとして、ますます重要度を増してきている方法だ。

クオッパラらがレビューの対象として集めた研究論文は、一方ではリーダーシップのスタイルが、もう一方では従業員のウェルビーイングが測定されており、研究の実施国はさまざまで、サンプルには男性も女性も含まれていた。彼らは、リーダーシップの側面について、「思いやり型」のリーダーシップと「サポート型」のリーダーシップに着目した。従業員に対して優しさと公平さを持って接するのが思いやり型のリーダーであり、従業員を心配し励ましを送るのがサポート型のリーダーだ。

すべての職場のリーダーたちが思いやり型やサポート型のリーダーシップスタイルを持つわけではないというのは驚くべきことか、少なくとも嘆かわしいことであるかもしれない。ただ、レビューでは、これらのリーダーシップの側面において、各々のインパクトを計算するのに十分なばらつきが見られたのだった。

レビューの対象となった研究における従業員のウェルビーイングの評価方法は、研究によって異なっている。仕事の満足度や、仕事のウェルビーイング（バーンアウト、過労、不安、うつ、仕事に関連するストレスとして定義されるもの)、病欠の日数、そして能力不足による早期の退職など、さまざまな指標が使われた。

いずれのケースでも、リーダーシップのスタイルと従業員のウェルビーイングには正の関係が見られた。そして、メタ分析の専門用語を使えば、結果の頑健性《ロバストネス》は小程度から中程度であった。しかし、たとえ小程度であっても、メタ分析では検証される従業員数が何千または何百万人にも及んでいるわけで、「よい」リーダーシップが従業員のウェルビーイングに及ぼす影響は、潜在的にも莫大であることが示唆される。

レビューされた研究の中では、リーダーシップのスタイルと職場のパフォーマンスには関係が見られなかった。取り急ぎ断っておくと、他の多くの研究ではこの二者間にも関係は見い出されている。しかし、ここではちょっとの間、リーダーシップのスタイルが、従業員のパフォーマンスよりも従業員のウェルビーイングの方に大きな影響力を持っている、ということにして議論を続けよう。

この仮定に反して、世間の高い評判を得ているリーダーシップ関連の文献は、必ず、従業員の生産性の向上という観点から構成されている。この事実を踏まえて考えてみると相当な皮肉が見えてくる。つまり、クオッパラらによるレビュー論文は、「リーダーシップのスタイルはたしかに最終損益に影響するのだが、それは直接的な影響ではなく、実際には従業員のウェルビーイングへの影響が先行している」という結論を提示しているのだ。

とはいえ、このメタ分析にもやはり弱点はある。メタ分析の有用性は、分析に使った文献と同等だ。しかし、分析に使った研究が、必ずしもすべて非の打ちどころのないものであるわけではない。たとえば、ほとんどの研究は横断研究だ。つまり、研究のデータはすべて同時に収集され、卵が先か鶏が先かの問題については未解決のままなのだ。しかし、だからといって、メタ分析の結果や、結果が示唆する事柄について、真剣に受けとめないようにするだけの余裕など読者側にはありはしないだろう。

「他者は大切だ（Other people matter）」

私はこのテーマを、本書の最初から最後まで貫いている。この省察を通して皆さんに伝えたいのは、**リーダーが従業員を大切な存在として扱えば、誰もが勝者になれる**、ということだ。

32 正しいことをする！

Doing the Right Thing

正しいことをしなさい。ある人々はそのことを喜んでくれ、残りの人々はびっくりするだろう。

――マーク・トウェイン

ポジティブ心理学は、「正しい行い」について研究すべきだ。しかし、研究のフォーカスがこの点に置かれることは少なく、たいていは、人を幸せにするとか、健康にするとか、豊かにするといったことに研究の関心が置かれている。ときには、正しい行いをしても、このような素晴らしい成果は何ももたらされないこともあるのだが、それでも、やはり正しいことは正しいのだ。

職場における誤った行い、すなわち、嘘や欺瞞、窃盗などの決定要因に関してまとめられた、ジェニファー・キシュ＝ゲッパートらによるレビュー論文は興味深いものであった。[52] この論文には「腐ったリンゴ、腐った事例、腐った樽」（*Bad Apples, Bad Cases, and Bad Barrels*）というまいタイトルがつけられていたのだが、私はこうしたセンスの光るタイトルにはめっぽう弱い。このレビュー論文では、職場における非倫理的な意思決定に関する一七〇の異なる研究がメタ分析されており（省察31を参照のこと）、「腐ったリンゴ（個人の特徴）」、「腐った樽（職場の特徴）」、「腐った事例（問題の特徴）」という三つの小見出しの下にまとめられている。

何が面白いかと言うと、職場における人々の誤った行為を理解する上でこの三つはすべて重要であるものの、そのいずれも誤った行為に対する説明責任を負ってはいないことだ。すなわち、言い換えれば、誤った行いというのは複雑なのである。

「腐ったリンゴ」の観点では、マキャベリ的な（策略に長けた）人は、罪を犯す傾向が強い。

これは、自分の行動と結果との関係を見落としてしまう人（すなわち、制御部位が自分の外部にある人）や、相対論的な道徳哲学を大事にしている人たちと同様だ。（おそらくは）面白いことに、人口統計的な特徴（年齢、性別、人種など）は、嘘や欺瞞、窃盗といった行為とは無関係らしい。しかしながら、仕事への満足度が低い人ほど一線を越えやすいという傾向がある。

「腐った樽」の観点では、職業集団におけるいくつかの特徴が、従業員側の非倫理的な選択と関係していた。すなわち、多様な利害関係者（たとえば、他の従業員、顧客、地域社会の人々など）のウェルビーイングを大切に**しない**ことや、容認できる行為であるか否かを明確に**しない**職場の文化などと関連していた。また、非倫理的な行動を減らすためには、たんに明確な行動規範があるというだけではあまり意味がなく、強制力があって初めて意味をなすようだ。

「腐った事例」の観点では（このメタ分析で最も興味深い結果かもしれないが）、職場における問題は、従業員の誤った行為と関係していた。どんな結果につながるのかほとんど分からない行為や、やがては結果からは取り除かれてしまう行為、そして誤った行為によるネガティブな結果が大多数の人に影響を及ぼしてしまう行為もある。

では、「正しい行いをする」ポイントとは何だろうか？　ポジティブ心理学では、「ネガティブな要素がない」ことと、「ポジティブな要素がある」こととは別物と仮定されるのだが、今回のケースでは、おそらくこれら二つを同一物と見なすことができるだろう。私の議論が白黒思考となってしまっていることは謝るが、結局、今話しているのは、誤っているか、または正しいかという問題だ。したがって、誤った行為を**しない**ことは、おそらく正しい行為をするのと同じことになるのだ。

ここまでのことから推測するに、正しいことをする人というのは、他者を目的のための手段とは見ない人、自分に起きた出来事については自分に責任があると考える人、そして、幸せな人だ。当然、この結論の最後の部分は、ポジティブ心理学的なポイントだ。また、正しいことをする人たちは、あらゆる人の幸福や繁栄を目指す強い社会的コミットメントと、許容される行為を明確に示した強制力のあるガイドラインとを備えた集団の中に身を置いている。そして最後に、正しいことをする人たちは、自分の行動から直接結びつく重大な結果について、具体的に考えることができる。

これらの結論が、従業員や、教師、親、そしてその他すべての人に対して何を示唆しているのかは明らかだ。すなわち、(自分自身も含めた)誰かに正しいことをさせたいのであれば、行為の主体者と、主体者の属する集団との**両方に**働きかける必要がある、ということだ。

私たちは、人の幸福感や満足感を高めるためにできることは、何でもすべきである。自分の行動に影響を受けるかもしれない「人間たち」に対して、自分も「人間の顔」で接するべきである。また、私たちは、やっていいことを示すガイドラインを持ち、それを実行すべきである。

正しいことをするのが簡単だと言う人はいないだろう。しかし、**正しいことは、どこまでいっても正しい**のだ。

33 職場の「クソッタレ」とどう付き合うか？

Positive Psychology and Assholes

数年前、私は自分の大学で、「職場」をテーマにしたポジティブ心理学の講演をする機会があった。聴衆からの質問は厳しかったものの、講演の出来については満足していた。私は実践的な見方よりも概念的な見方をする方が得意なのだが、一部の聴衆（学内の別の部署の教職員）の関心は、自分たちの周りにいる、ネガティブで、悲観的で、性格の悪い人たちにどう対処したらよいのか、というところにあった。手ごわいが、よい質問だ。こうした質問に対して、私はただ、「悪意には善意で応えて、優しさでもって相手の攻撃意欲を減退させるのがいいのではないでしょうか……」などと、ボソボソつぶやくことしかできなかった。

その後で、私の友人に会ったときに、この講演の話題となった。私は、講演では自分はきちんと振る舞うことができた、つまり、汚い言葉は使わなかった、と友人に報告した。そして、例のネガティブな仕事仲間についての質問が出たとき、つい最近、東海岸のとある会社のリーダーたちと会って話をしたときのことに触れて回答すればよかった、とも伝えた。

その会社のリーダーたちは、自分たちの会社が成功していて、社員の士気が高い理由について、皆口を揃えてこう言っていたのだ。

「我々は、クソッタレ（asshole）どもは採用しないので」

これは、たとえ採用マニュアルには明記されていないにしても、非常に明確な会社の方針であろう。私はそのリーダーたちに、それはぜひとも会社のモットーとして公式に採用し、会社の便箋のレターヘッドに、無論ラテン語に変えて、「*Non Rectum Intestinum*（直腸にあるものはいらないの意）」と表示しておくべきだと、そんな冗談を言ったのだった。

大学での講演の最中、私は慎重に自分自身をチェックしていた。「クソッタレ」という言葉は、ポジティブ心理学者と名乗っている人間として、公の場で使用するにふさわしい言葉とは思えなかった。私の友人は面白がって、「残念だったわね……その言葉を使う覚悟があれば、あなたはきっとベストセラー作家になれていたでしょうに」と言った。

友人はそれから、ロバート・サットンの『あなたの職場のイヤな奴』（*The No Asshole Rule*、矢口誠訳、講談社）（原題の直訳は「クソッタレ撲滅ルール」）という本のことを教えてくれた[53]。実は、私はこの本のことを聞いたことがなかったのだが、すぐに注文して、その週末には非常に興味深く読ませてもらった。

この本の人気ぶりを見るに、おそらくは今本書を読んでいる皆さんの中にも、この本についてよく知っている人は多いのではないだろうか。読んだことがないとしても、この本のメッセージはシンプルなため伝わりやすいと思う。今日の職場には、「意地の悪い人間、卑屈で気味の悪い人間、間抜けな人間、威張り散らす人間、独裁的な人間、そして病的に自己中心的な人間」など、ようするに「**クソッタレ**」と呼ばれるような人間がゴロゴロいる。

こうした輩はたいてい、自分よりも目下で、自分が支配力を振るうことのできる相手に対して嫌がらせをする。彼らがもたらす損害は、嫌がらせの対象となってしまった人物や、職場、そしてさらにはクソッタレの本人たちにとっても甚大だ。

サットンは、とある会社のエピソードを詳しく書いている。その会社では、社内のクソッタレ社員のクソッタレな振る舞いによって被った損害の総額を見積もって、その社員の給料からその額を天引きしたというのだ。

その被害額の内訳は、彼に受けさせたアンガー・マネジメント講座の受講料、訴訟に際しての弁護士費用、会社の経営幹部や人事部の社員が彼の悪行に気を揉んで無駄にした時間、そして次々と入れ替わる彼のアシスタントの採用や、その都度のトレーニングにかかった費用といったものだった。その年間総額は……実に一六万ドルにものぼったのだ！　これでは彼をクビにした方が安く済んだだろうが、彼に対する損害賠償請求の意味はこれでお分かりいただけただろう。

この本は、タイトルに使われた「クソッタレ」という言葉に実によくフィットする実在の人物についての印象的なエピソードが盛り込まれていて、読み物として素晴らしい仕上りになっている。たとえば、五年間で二五〇人もの個人秘書を使い尽くしたというハリウッドのプロデューサーの話などはよい例だ（彼に公正を期して言うならば、彼は、自分が使った個人秘書はほんの一一九人だけだと思っていたと伝えられている……！）。

それに、この本は面白いだけではない。サットンは、「職場でのいじめ」や「無作法」、つまり、彼の関心対象に応じて公的に許容されたラベルが付されたテーマに関する研究論文にも精通している。彼は、心理学について多くを知っており、彼のアドバイスの多くは心理学研究により指示・示唆されることに基づいている。

さて、クソッタレに対する対処法はあるらしい。第一に、そういう人物は、いかに履歴書が魅力的であろうと、決して雇わないことだ。第二に、やはり、いかにその人物の業績の客観的な評価が素晴しかろうと、そういう人物は自分のそばに置かないことだ。第三に、どうしても自分のそばに置かなければならないのであれば、彼らには報酬を与えないことだ。

サットンは、そういったイヤな人間については、すべてにおいて不適任者として扱った方がよいと言っている。そして第四に、可能な限り、全社員の地位、権力、給与の差を最小限にすることを提示している。その理由は、社員間の格差が大きいほど、悪いことを企むような人間の悪行が促進されるからだ。

すべてではないが、一部のケースにおいては、対立することは有効である。面倒なクソッタレ人間たちは、自分たちの悪い習慣について何も分かっていないからだ。

また、もっと過激な措置を講じる必要がある場合もある。たとえば、周囲から孤立させるとか、厳しい批判を浴びせるといった措置だ。だが、いかなる場合にも重要なのは、サットンが

「クソッタレ伝染病」と呼ぶものを回避できる組織であるようにすることだ。悪い行動というのは伝染する。そして、そういった行動が充満すると、組織文化の一部として長く残っていく危険性があるのだ。

サットンは、もしも職場で「クソッタレ撲滅ルール」を採用するのなら、ルールに強制力を持たせるように積極的に働きかけることを推奨している。この本の中の私のお気に入りの一節で、彼はこんなことを言っている。

「あなたがこのルールに従えない、もしくは従うつもりがないのなら、何も言わない方がい
い……偽善者として、またクソッタレだらけの組織のリーダーとして世間に知られたくはないだろうから」

この本の中には、どこにも「ポジティブ心理学」という言葉は出てこない。読者の皆さんの中には、なぜ私がこの本を題材にしているのか、首を傾げている方もいるのではないだろうか。結局、ポジティブ心理学をめぐる自明の理の一つは、**「人生をよく生きる」とはどういう意味なのか、それを理解するためには、よい生き方を体現している人物について研究しなければならない**ということなのだ。それでは、私が主張したいポイントとは一体何だろうか?

自明の理と言っても、そこには必ず例外というものが存在する。そして、本当にひどい人間、つまり「クソッタレ人間」としか呼べない人物に着目することは、たとえ、そうした人間によって、その他大勢の人がひどく不幸にさせられるという理由だけであっても、そこから教訓を

得ることができると私は考える。そうした人間がいないというだけで、他の大勢が幸福になるというわけではない。しかし、不幸な状態から少しは脱することができるのは間違いない。そして、不幸な状態から脱するというのは、充実した人生の追求の第一歩でもあるのだ。

しかしそれ以上に、サットンの本にはポジティブ心理学に関わる具体的なポイントも含まれている。

一つは、純朴《ナイーブ》さへの警告である。純朴すぎるというのは、ポジティブ心理学者がときどき非難を受ける部分でもある。サットンはこう語っている。

組織という社会では、情熱がひどく過大評価され、無関心はひどく過小評価されている。私のこの結論は、数多くのビジネス書で言われていることとは相反する。たいていのビジネス書では、心の奥底から湧き上がる真の情熱というものの素晴らしいパワーについてこれでもかというほどに騒ぎ立てている。組織に対する情熱や献身、所属意識といったものが大事だという話はたしかに正しい。それはしかし、自分がよい仕事に就き、尊厳と敬意を持って扱われる職場環境にいるという**条件つき**での話だ。しかし、職場で不当な扱いを受けて虐げられ、屈辱を味わっている何百万という人々にとってみれば、そんな話は偽善にしかすぎず、まったくもってナンセンスなのだ。

サットンは、職場で被害に遭っている人々に対して、情熱を捨てて、仕事に対してもう少し無関心になることを勧めている。

第二に、面倒な輩に対処する上での、「楽観的再構成《ポジティブ・リフレーミング》」の重要性が示されている。とりわけ、不当に扱われている人たちには、仕事上の小さな勝利に目を向け、それを享受することが推奨されている。これは、現在の過酷な状況から解き放たれるときが来るまでの間、コントロール感を失わないようにするのに役立つ戦略だ。

第三には、サットン自身はあまり書くことに気乗りがしなかったようだが、クソッタレの利点について興味深い議論がなされている。

「最低の人間にも長所がある」

これもまた、ポジティブ心理学における もう一つの自明の理であるが、この議論の中で引用されている実在の人物の例によって説得力が高められている。最低な人間の長所として、権力や地位を手に入れるとか、ライバルを打ち負かすとか、他人の目を覚ましてやる気を引き出すとか、放っておかれて他人の干渉を受けない、といったことが挙げられる。それでもサットンは、こう確信している。

「クソッタレの成功は、クソッタレであるからこそ成功したのではなく、クソッタレであるにもかかわらず成功したのだ」

さらに彼は皮肉を込めて、「クソッタレ撲滅ルール」ではなく「クソッタレ一匹野放しルール」というのも提案している。職場で一人の厄介者を野放しにしておくことで、他の社員たちに「どんな行いをしてはいけないのか」を分かりやすく注意喚起《リマインド》することができると言うのだ。

第四には、クソッタレに対処する一つの方法として、常に冷静さを失わず、相手に敬意を払い、さらには優しさを持って接する方がいいとサットンは提案している。ここで私は、映画「ロードハウス／孤独の街」(*Road House*)の中でパトリック・スウェイジが演じたダルトンを思い出した。クソッタレと呼ばれる人種がしょっちゅう出入りする酒場で用心棒をしているダルトンは、他の用心棒にいつも「優しくだよ……いいかい……優しく接するんだ……」と諭していた。

ここでのポイントは、イヤな奴のやり方に毒されるのを拒否する人間が、実際にはイヤな奴を変えることができるかもしれない、ということだ。サットンは、ネガティブな人たちを少しずつ萎えさせていくやり方は長期戦になると警告しているものの、私が大学の講演で述べた、「ネガティブな人たちには優しさを持って接し、彼らの悪意を減退させるのがいいのではないでしょうか」というアイデアは、実はなかなかよいアドバイスだったのかもしれない。

サットンは本の最後に、読者に向けて、「私たち自身もまたクソッタレなのだ」という言葉を投げかけている。この言葉の意味は、「私たちは皆この問題に関わっているのと同時に、この問題を解決する責任も負っている」ということだ。サットンが「一過性のクソッタレ」と呼ぶものと、「認定証つきのクソッタレ」と呼ぶものとの間は危うい領域で、一歩間違えれば簡単に認定証つきになってしまう。

また、認定証つきのクソッタレと、そのさらにひどい凶暴な亜種との境もまた紙一重だ。こうした連続したつながりの上のどこで転んでしまったとしても、私たちは自分が望む変化を自分自身で起こすことによって、職場をよりよい場所に変える第一歩を踏み出すことができる。私たちは、他人による悪意ある言動に耐えるのではなく、別の方法で立ち向かうことができるのだ。

決して、我慢をしてはいけない。ルールがあるというのは、そういうことだ。

◉注釈

私が最初にこの省察を「サイコロジー・トゥデイ」に投稿したときにも、ここに使ったのと同じ「ポジティブ心理学とクソッタレ」〔省察の原題は *Positive Psychology and Assholes*〕というタイトルをつけていた。このタイトルは、省察の内容を言い表しているだけでなく、挑発的な印象がある。もしかすると、このタイトルを目にしたときの読者は、私が、何人かのポジティブ心理学者の仲間か、ポジティブ心理学の批評家をこき下ろそうとしていると思ったかもしれない〔省察46を参照のこと〕。

いずれにせよ、この記事をアップした後、いつの間にか、「サイコロジー・トゥデイ」の編集部の誰かによってタイトルが変更され、「職場の不愉快な奴」（*The Jerk in the Corner Office*）となっていた。これは検閲だと思う。ただ、編集部が神経質になる意図は分かったため、クレームはしなかった。私は結局、ポジティブ心理学者として何かを書いたり話をしたりするときには常に自分自身を検閲し、ジョージ・カーリンの言う「七大卑語」を使わないように気を配ることにしている。挑発的な言葉はたしかによいが、気分を害してしまってはだめなのだ。

しかし、この本においては、オリジナルのタイトルを使うことにした。「クソッタレ」という言葉は、他人に害を及ぼす人物について詳細に書くことに比べれば、それほど気分を害するものではないだろうからだ。同じようなテーマを扱った研究論文では、クソッタレの行動を表す言葉として、「職場での無作法」というのがよく使われる。しかし、この言い回しは生温すぎて、私たち全員がクソッタレの行動に対して感じるべき激しい憤りを鈍らせてしまう。

34 失業から「仕事」を考える

Positive Psychology and Unemployment

私の受け持つ仕事の範囲は限られているかもしれないが、仕事であることに変わりはないという事実が、私のなすことをかけがえのないものとする。

——ヘレン・ケラー

ここ数年、アメリカ国内で続く経済苦境に伴って、私は大手のメディア関係者から、「**職を失った人たちに対して、ポジティブ心理学からどんな言葉がかけられるのか？**」といった質問を受けるようになってきた。そんなとき、概して私は回答に躊躇してしまう。楽観主義に関する格言を教えてやった上で、「経済こそが重要なのだ、愚か者」（一九九二年アメリカ大統領選挙時のビル・クリントンの発言）という言葉でもって締め括る以外には、何を言っていいやら思いつかなかったからだ。このどちらも、とてもではないがポジティブであるとは思えないし、役に立つとも思えない。

しかし今や、私の考えは、ヨーロッパの社会心理学者であるマリー・ヤホダ（一九〇七―二〇〇二）が書いた一冊の本との出会いをきっかけに、ほんの少しだけ変わった。

私はポジティブ心理学者として、ヤホダのことは、一九五八年の彼女の著書、『ポジティブなメンタルヘルスに関する最新概念』（*Current Concepts of Positive Mental Health*、未邦訳）を通して知っていた(54)。この本は、心理学的ウェルビーイングについて、たんに病気や苦悩がない状態という理解ではなく、それそのものの純粋な価値を理解するために、さまざまな証拠を挙げて論じている。彼女の主張は、今日のポジティブ心理学の前提そのものであり、他の心理学者が彼女の問いかけに答えるのに、なぜ四〇年もかかってしまったのかと驚く人もいるだろう。ヤホダは、一九五八年の本の中で、メンタルヘルスについて、当時の思想家（主には臨床医）たちが認めるところを調べ上げ、心理学的健康を増進もしくは反映している六つの潜在的なプロセスを提唱することによって、思想家たちの見解を統合した。この六つのプロセスとはすなわち、自己受容、進行中の発育と発達、人格統合、自律性、現実を正しく受け入れる感覚、環境のコントロールだ。

ポジティブなメンタルヘルスについての彼女の分析には説得力がある。しかし、初めて読んだときには、他の人たちとの良好な人間関係や、それを可能にする強みが含まれていないところに私は困惑した。そこで、彼女の別の本を何冊か読んでみたのだが、その中で、一九八二年に書かれた『雇用と失業：社会心理学的分析』（*Employment and Unemployment : A Social-Psychological Analysis*、未邦訳）と出会った[55]。この本の中で彼女は、「社会的なつながり」と「目的の共有」を、ウェルビーイングに不可欠な要素として強調していた。「他者は大切だ（Other people matter）」。私がポジティブ心理学を一言で表したこの言葉を、ヤホダはこのときにすでに予示していた、ということだ。

かといって、今私がこの省察を書いている理由はそこにあるわけではない。この本の中で述べられている、心理学的な視点から見た雇用や失業に関する着想は本当に素晴らしいものだ。また、彼女の考え方は、この本が書かれてから三〇年ほど経った今の世の中に対してもよく当てはまる。

この本の主張はシンプルで、おそらく誰もが分かっていることだが、あえて指摘されるべき事柄だ。すなわち、**「雇用」と「仕事」は別物だ**、ということだ。「雇われている」というのは、人がお金を稼ぐためにやることを指す。一方、「仕事をしている」というのは、充実した人生を送るためにやることを意味する。仕事さえ持っていれば、たとえ給料が支払われなくても、人は充実した人生を送ることができるし、実際に送っている人もいる。しかし、逆に、仕事を持っていなければ、給料の多い職に就いていても、人は不幸せになり得るのだ。

現代の経済の問題は、多くの人にとって、ここで言う**「仕事」の要素を得られる機会が「雇用」にしかない**、という点だ。そのため、**失業すると、収入が得られなくなるだけでなく、仕事も、仕事によって得られる充実した人生も、ともに失われることになる。**

では、仕事は**どうやって**心理学的なよい生き方の実現を可能とするのだろうか？　この疑問に答えるため、ヤホダは、雇用と失業がもたらす心理面への影響について、一九三〇年代から一九七〇年代までのヨーロッパとアメリカの研究論文を調べ上げた。そして、「雇用」によって成り立つ「仕事」のある人生における重要な特徴を五つ特定した。

1：（仕事があることによって）人の一日の中に強制的に時間構造が形成され、それゆえ経験の中にも時間構造が生まれる。人は余暇を喜ぶが、余暇というのは、仕事の代わりとしてではなく、仕事を引き立たせるものとして存在する。余暇は、まれにしか得られないものである場合にのみ価値あるものとなる。

2：（仕事があることによって）身近な家族や近隣の人々との領域を超えて、人間関係の幅が広がる。

3：（仕事があることによって）目的の共有や、社会的集団における活動を通して、人生に意義が付与される。

4：（仕事があることによって）社会的地位が与えられ、個人のアイデンティティが明確になる。仕事（または雇用）は、このニーズを満たすために、必ずしも「高い地位」が必要なわけではない。

5：（仕事があることによって）必然的に定期的な活動に従事することになる。

ここで、これらの特徴にはいずれも給料が必要とされないことに注意していただきたい。

さて、こうした知見から一つの示唆が得られる。ポジティブ心理学者は、職を失った人に対して、職を探すとか、職を提供するといった方法ではなく（もちろんそうした努力は素晴らしいかもしれないが）、「仕事」に従事する方法を示し、失った職とともに消えてしまった基本的な心理的ニーズを満たすよう促すことで手助けできるのかもしれないのだ。

こうしたことが、ある特定の状況に身を置く人々に対してどれくらいの助けになるのか、読者の皆さんにはきっと想像できるのではないだろうか。

ヤホダは純朴《ナイーブ》ではなかった（一九三〇年代にファシズムによって投獄され、その後ナチスの殺人収容所から逃れるために生まれ故郷のオーストリアから逃亡しなければならなかった人間が、純朴なままでいられるはずがない）。彼女は、この本を締め括るに際して、次のようなコメントを残している。

「生計を立てることが目的でない仕事というのは、公的な資金援助の範囲内でやりくりしていくことができるか、もしくは私的な財力に恵まれている数少ない幸運な人々のグループに属しているのであれば、いくらか限られた期間においては、雇用の代わりとして適切なものでしょう」

長い目で見れば、ほとんどの人にとって職が必要になる。しかし短い目で見るならば、ポジティブ心理学は、職を失った人たちに対して手を差し伸べることができるだろう。

35　よいことをするということ、お金も儲けるということ

Doing the Right Thing... With a Business Plan

二〇一〇年、私はミシガン大学で行われたある討論会に出席した。モーゼス・リーとニック・トビエが担当する二〇一〇年冬期の「社会起業」（Social Venture Creation）というクラスの

最後のプロジェクト課題の発表会だ。このクラスでは、すべての授業が実践形式で行われている。主にビジネスや工学を専攻する学生たちによってチームが組まれ、チームごとに、市場原則を適用して世界をよりよいものにするための具体的なプロジェクトを考案し発表した。

私が感銘を受けたのは、いずれのプレゼンテーションも理想と現実の両方がうまく融合していたことだ。どのチームの学生もビジネスの現実についてよく勉強していて、事業立ち上げにかかるコストから、競合相手、さまざまなリスク、持続可能性といった問題にしっかりと向き合っていた。

私は心理学の教員としてその場に出席して、プレゼンテーションを聴いていた。私のクラスでも、授業で扱った**概念をどう応用できるか**を学生たちにレポートにまとめさせることがよくある。レポートの出来自体はいつもそう悪くはないのだが、ひどく非現実的で、机上論にすぎないものが多い。この状況は、多くの心理学者たちの「誰か他の人にやらせよう」（もしくは、少なくとも「お金だけ出しておこう」）という姿勢が反映されたものだろう。心理学者たちに悪意はないのだが、現実の世界では、いかなるプロジェクトにもビジネスプランというものが必要だ。そして、私がこの討論会で聴いたものは実によいプランだった。

全四チームによってプレゼンテーションが行われた。集められた審査員は全員が起業のスペシャリストであった。彼らは学生たちに耳を傾け、厳しい質問を投げかけた。そして、最終的に最優秀に選ばれたプロジェクトチームには一〇〇〇ドルの賞金が与えられた。

最初のプロジェクトは、アナーバー市で、自家用車の共同使用《カーシェア》を推し進めるためのプランであった。車は、一日のほとんどの時間、使われずに放置されている。これを誰か、ちょっとした用事を済ませるためにほんの数時間だけ車が必要だという人にレンタルすることが可能となれば、双方にとってメリットがある、というわけだ。ただ一点、隣の大都市デトロイトの地元の自動車産業にとっては痛手となるのだが、そのリスクについても言明された。

二つ目のチームのプロジェクトは、世界中の医療従事者に、医療情報のデータベースを搭載したノートパソコンを配布する、というものだった。それから、このプロジェクトの一環として、医療従事者がこのノートパソコンを使って、特定の患者の情報について医師に問い合わせることができるというプランも提示されていた。

三つ目のチームのプロジェクトではケニアに焦点が置かれていた。ケニアの教師たちが、インターネットを通じて得られる知識や授業計画などの最新情報を入手できるようにすることを目的としていた。学生たちは、ケニアの普通の学校では一つの教室にたった一冊、ほとんど時代遅れとなってしまっているような教科書しかない、という現実をよく理解していた。

このプロジェクトでは、ケニアのインターネット環境という問題に取り組まなければならない。先進国に住む私たちはインターネットの接続など当たり前だと思っているが、一歩外に出てみれば、通信衛星や携帯電話といったハードウェアすら整っていない場所もあるのだ。彼らは、そうした問題に対処するビジネスプランを提示していた。

そして、私にも審査員たちにも特に気に入られた四つ目のプロジェクトは、デトロイト市に生鮮食品を提供しよう、というものだった。自動車の都、デトロイトに住んだことのない読者の皆さんは驚くかもしれないが、八〇万人以上が住むデトロイトには、総合食料品店、すなわち肉、魚、果物、野菜すべてを扱っているスーパーマーケットがたったの一〇軒しかない。

私はデトロイトからたったの四五マイル（約七〇キロメートル）しか離れていない、アナーバーという豊かな街に住んでいるのだが、ここでは一一万五〇〇〇人の住人に対して総合食料品店が数十軒ある。さらに、「特産品」を扱った食料品店も数多くあり、あらゆる種類の食品（ラテンアメリカ、韓国、中東、インドなどの食品）が手に入る。日々摂取する食物は私たちの健康にとって極めて重要だ。しかし、デトロイトに住む人々は、ジャンクフードかお菓子ばかりが並ぶ近所のコンビニで済ませてしまっているのだ。

この四つ目のプロジェクトでは、すでに存在する店に新鮮な野菜を陳列するための具体的なプランが提示された。チームの学生たちは本気でこのプロジェクトを実現させようと思い、何とチームのリーダーは五月にデトロイトへ引っ越し、さまざまなお店や教会など地域の団体に働きかけてきたというのだからすごい。

私はこうしたプロジェクトに感銘を受け、触発された。彼らは、普通なら一見調和しないように見える二つの特徴を並列させていたからだ。どのチームでも、**人はよいことをしてお金を儲けることができる、あるいは少なくとも収支を合わせることができる**という基本的な考え方に立脚していた。そして、遠大な目標と、手堅い現実主義とをうまく融合させたのだ。この若者たちによる発表は、私が今までに耳にしたさまざまな舞台でのさまざまな人による最高レベルのプレゼンテーションの中でも、信じがたいほどに洗練されていた。ここで私の言う「洗練」というのは、巧妙さのことではない。歯切れがよく、博識で、そして何よりとても情熱的だ、ということだ。

私は自分の次の世代が大好きだ。私は、しばらくの間この世でぶらぶらして、次世代の彼らがこれから先何をするのかを見てみたいと思っている。私の両親の世代は、「最も偉大な世代」だった。そして私自身の世代、つまりベビーブーム世代は、お世辞にもよい世代とは言えないだろう。しかし、私の学生たちの世代は、きっともう一つの偉大な世代になるだろうと、私は信じている。

36 幸せな場所を探して

Geography and Happiness

「二ヶ所で鼻を折ってしまったよ」
「本当？　その場所には近づかないほうがいいね」

私には思いつきそうもないのだが、ポジティブ心理学にもこのジョークと類似したものがあるはずだ。そして、「**幸せな場所**《ハッピープレイス》」についてのジョークをインターネットで検索してみたのだが、下品できわどいジョークが出てくるだけであった。どうやら私は、自分が思っていた以上にうぶな人間だったようだ。何しろ、人の「幸せな場所」が、これほどまでにたくさんの面白おかしい性的な意味を含んでいたとは思いもよらなかったからだ。

それはさておき、もう少し生真面目に「幸せな場所」の意味を考えてみると、それはどうやら人間の内側に位置していて、幸福感を感じ、平穏で、悩みのない状態になれる場所らしい。幸福というものが内的な場所に存在しているのは間違いないのだろうが、だからといって、人は文字通りの幸福な場所——そこにいる人が一人残らず幸せであるような場所——の探求をやめはしない。それは、小単位の地域や市の場合もあるが、たいていは国が対象となる。

近頃、有力なメディアや、多くの社会科学者たちの間で、全体的な幸福度に関する国別の格づけが流行っている。調査の手法や実施のタイミングによって詳細な順位にはばらつきがあるものの、東欧やアフリカの国々の幸福度よりも北欧諸国の幸福度の方が高いなど、ある程度の一貫性はあるようだ。また、南アメリカの国々では、その相対的な貧しさから予想されるところよりも高い幸福度が示された。その一方で、東アジア諸国では、その裕福さからは予想できないような低い幸福度が示されている（省察5を参照のこと）。

国や国民の幸福について理解するには、もっと分析的なアプローチが必要だ。幸福度にはよく**「主観的ウェルビーイング」**という指標が使われる。主観的ウェルビーイングは、ポジティブ感情、ネガティブ感情、そして人生満足度から成り立っていて、満足のいくよい生き方であるかどうかの判断基準になる。こうした幸福の要素を個別に扱うと、どの要素に着目したかによって国の幸福度の順位は変わってくる。

たとえば、ある研究では、ポジティブ感情で見るとメキシコがトップになるのだが、ネガティブ感情で見るとカナダが最も低くなる（つまり幸福度としてはトップになる）ことが示されている[56]。また、スイスの成人たちの場合、人生満足度は極めて高いにもかかわらず、ポジティブ感情もネガティブ感情もそれぞれ高低なく平均レベルとなっている。

他にも、国家間の幸福度の差の根底にあるものを明らかにしようとするアプローチもある。異なる国々の国民のウェルビーイングの平均値と、その国の特徴（教育、豊かさ、多様な機会、政治体制、人権への関心、宗教性など）とを関連づける試みがなされている[57]。

さらにもう一つ、文字通り地理的な意味での幸せな場所がこの地球上に存在するかどうかを探る試みがエリック・ワイナーによってなされ、『世界しあわせ紀行』（*The Geography of Bliss*、関根光宏訳、早川書房）という題で書籍化されている[58]。ワイナーは社会科学者ではない。そのため、質問紙とHBの鉛筆のセットを調査の旅に持って行くことはなかった。全米公共ラジオ（NPR）の元海外特派員という経歴を持つ彼は、一年間、ブータンやアイスランド、デンマーク、カタールといった幸福な国と評される国々を旅して回ると同時に、モルドバという幸福ではないとされる国を訪ね、それぞれの国の現地の人々と話し、人々の様子を観察した。そして、その旅について綴った本はベストセラーとなった。

本の構成としては、各章で国が一つずつ取り上げられ、国という地理面に焦点が置かれている。ところが、実際にこの本の中で語られているのは、ワイナーが訪れた一〇の国々というよりは、彼が出会った現地の一人ひとりの人たちについてと言っていい。これは、ジャーナリストが用いる失敗のないやり方で、何か一つの物語を伝える際、ある特定の人物にフォーカスして話を組み立てた方がより効果的なのだ。

彼が旅先で出会った人々の中には、その国で生まれ育った人もいれば、たまたまその国に住むことになり、それゆえに独特で優れた視点を持つアメリカ人の友人や知人もいる。ワイナーは、そうした人々とのやり取りについて、互いの反応や発した言葉に自分の回想を織り交ぜながら詳細に書き記している。常に幸福というテーマに重点が置かれているが、たいていはそこからさらに踏み込んだ会話が繰り広げられている。

この本は本当にお勧めだ。ワイナーは素晴らしい観察力の持ち主であり、語り手としても実に優れている。私は読書中に声を出して笑うことなどめったにないのだが、「オランダ語の音は、英語の音声を逆再生したのと実によく似ている」とか、「タガが外れたイギリス人を見ていると、象の交尾を見ているような気分になる。それは、当然あり得ることだが……しかし、こんなものを本当に見る必要があるのだろうか？」などという台詞に出くわしたときには危うく大笑いするところだった。

さて、この本について、ポジティブ心理学的知見からは何が言えるのだろうか？　ワイナーは心理学についてもよく知っている。彼の旅は、「世界幸福度データベース」を有するオランダのルート・ヴィーンホーヴェンへのインタビューからスタートする。ワイナーはポジティブ心理学者たちと接する際、この本の他の登場人物に対するのと同様、懐疑心と同時に敬意を、ユーモアと同時に好意を持って接している。彼は科学の価値を理解している（実際、「世界幸福度データベース」から得た情報が、彼の旅行プランに役立ったのだ）。しかし同時に、納得のいかない部分があるという態度も表明している。科学に対する彼の疑念は、心理学者にとって、とりわけポジティブ心理学介入を全世界に向けて奨励しようとする者たちにとっても有益なものだろう。

この本の中でワイナーは、テレビ番組のために実施された、イギリスのバークシャーにある町スラウを幸せにする実験について記述している。この実験では、考えられるすべてのポジティブ心理学的テクニックに加えて、幸福に寄与するとされるありとあらゆる手段を用意して、一二週間かけてスラウの住民五〇人に試させた。結果は見たところ成功のようだった。しかし、ワイナーはこんなコメントを残している。

「テレビ番組の中身と現実との一致はいずれもたんなる偶然にすぎない。……この幸福学の専門家たちは、本当にスラウの心理的風土に変化をもたらしたのだろうか？　それともたんに、住民五〇人を一時的に喜ばせたにすぎないのだろうか?」

私がこの本を好きな理由は他にもある。一つ目は、この本の中で新しい登場人物が出てくるたびに再三出くわすのだが、幸福の意味のとらえ方が実に局所的《ローカル》である、つまり土地ごとに非常に異なっているのがうかがえることだ。世界中の人に、人生満足度や、それと同種の質問項目に回答してもらうのも有益だが、ある特定の文化的背景を持つ土地の住民が、彼ら自身の世界の中で、彼ら自身の言語で、幸福というものをどうとらえているのかを理解するのもまた、同様に価値のあることだろう。

二つ目は、ワイナーが現地の人々と、バーやレストラン、ホテル、彼らの自宅、または道端で交流しているのもポイントだ。人間のありようについての知識が、心理学「研究」にまつわる文章を読むことからのみ得られるとすれば、バーやレストランやホテル、さらに言えば家や道端などの存在を知ることはないだろう。心理学者たちが抽象的に語るように、人の振る舞いというのは、必ずコンテクスト(文脈)の中で理解されなければならない。また、そういったコンテクストは、ワイナーの物語に見られるように、細部にわたっていきいきと描かれる中で理解されるべきなのだ。

私がこの本を好きな理由の三つ目は、ワイナーが自分のことを陰気で不機嫌な人間のように描いている部分なのだが、これは話を面白くするための脚色だろうと私は思っている。彼がイギリスで、「自分は不機嫌な人間だ」と認めたところで、それはイギリス人たちから見ればばせいぜいアマチュアレベルといったところだろう。

本のページをめくりながら、彼の人となりについて少しずつ分かってくると、彼の思慮深い一面や、ユーモア溢れる一面が見えてくる。しかもそれは彼のすべてではない。彼は、一つのストーリーを描くために、自分の身を投げ打つことのできる人間であり、実際にそうしたのだ。私は、彼という人物にも、彼の書いた本にも、とても魅力を感じた。

さて、この**世界に存在する幸福な場所とは、人間の内側にある場所でもなければ、地理的な場所でもない。それは、私たちの「間」に存在している**のだ。両者の距離が近いほど、また心地よい場所であるほど、そこにいる人たちがより幸福となる傾向がある。そしてどうやらワイナーも同意見であるようだ。彼はこの本を、こんな言葉で締め括っている。

「人間の幸福は、どんなものであれ、他者の存在と完全に結びついている。家族や友人、近所の人、さらには職場の清掃員といった普段あまり気にかけていない人たちとの関わりが不可欠だ。幸せは、名詞でも動詞でもない。それは接続詞なのだ」

37 幸せな場所には死神がいる？――アメリカ国内の自殺率との関連性

Are Happy Places Also Deadly Ones? Suicide Rates Across U.S. States and Cities

孤独の心はこの世の大いなる悲惨を見る。慈悲の心はこの世の真の力を見る。

――ブッダ

世界を見渡すと、幸福度（その国に住む人々の自己評価の平均値）がとても高い国々では、同時に自殺率も高いという傾向が一見してうかがわれる。★ こうした傾向について研究するために、メアリー・デイリー、アンドリュー・オズワルド、ダニエル・ウィルソン、スティーブン・ウーは、アメリカの五〇の州で、各州の自己評価による幸福度の変化に応じて自殺率がどう変化するかを調べた。[59] 国際的な比較研究と比べて、こうした一国内での比較研究の方が明らかな交絡因子が少なくなるため、説得力が増す。

その結果、国際比較による傾向と同様の傾向が判明した。つまり、幸福度の高い州（ユタ州など）では自殺率も高く、幸福度の低い州（ニューヨークなど）では自殺率も低かったのだ。

ただ、この研究者らは、回答者の人種構成、学歴、雇用状況については各州で調整をしたことを明記しているが、自殺の危険因子となるような、年齢、宗教性、アルコール依存症、銃の入手可能性や知識については明らかにしていない。

また、幸福度と自殺率が測定されたタイミング、つまり、両者の前後関係も明記されていない。この論文では、(誰かの) 幸福が (別の誰かの) 自殺を導くといったストーリー構成となっているのだが、この重大な問題を理解するためには、実際にこの事実をたしかめるための研究が発表されるのを待たなければならないだろう。

ポジティブ心理学者として、私は幸福がよいものであるという観念に自分の労力を注ぎ込んでいる (第1章の省察を参照のこと)。たいていの研究結果はこの観念を支持してくれるのだが、全体の中で幸福をとらえた場合、ことによるとそこには巻き添え被害といったものが生じるのかもしれない。

この論文を額面通りに受け取れば、幸福な場所は同時に死とも隣り合わせである、ということになる。これについてはきちんと理解する必要がある。ようするに、自分があまり幸せでないときに周りに幸せな人々がいるような場合、そこに暗黙の比較がなされ、その結果、不幸せからうつへ、うつから自殺へと追いやられてしまう、ということなのだろうか?

しかし、注意しておきたいのは、そこには例外が少なからずあるということと、自殺というのはそうめったに起きるものではない、ということだ。ただ、自分の人生がどれくらいうまくいっているかを判断するときに、表面的な幸福度も含めて、他人との比較を行うのはもっともなことだ。自分が周囲の人間と比べて劣っていると感じるとすれば、たしかにそれで苦しむことなる。

とはいえ、彼らのデータに敬意を表しつつも、それらはどうも直感とは反するものであるようだ。ポジティブ心理学はよく、私が「あっと驚く研究」と呼ぶものから出てくる、直感に反するような結果に心を奪われてしまう。

言っておくが、想像力豊かな研究には価値あるものもある。また、人を驚かせるような研究には、一般の人々や、講義中に居眠りや携帯メールをする大学生たちの注意を引きつける効果がある。けれども、科学の分野には「可愛らしさ」に基づくものなど決してあるはずがない[60]。**ポジティブ心理学の研究は、メディアのキャッチフレーズに要約されるべきではない**のだ。

さて、幸福な場所が死と隣り合わせであるという問題について最も説得力のある議論をするためには、自殺を図る人々が幸福な人々と本当に直に接しているのかどうかを知る必要があるだろう。つまり、自殺を図る人と同じ「州」に住む人々に、典型的な対比集団がいるのかどうかが明らかではないのだ。典型的な対比集団とは、もっと具体的には、すぐそばにいる家族、友人、同僚、または隣人といった、ほとんどの人たちが自分との比較対象にする相手のことだ。

そこで私はナンスク・パクとともに、同様の分析を市単位で行った場合に同じ結果が出るかどうかを調べる追跡調査を行った[61]。（数多くの人々の）幸福と、（他の何人かの人々による）自殺との関連の強さは、州単位で見た場合よりも市単位で見た場合の方がより近い距離での比較が行われるため、確実に強くなるはずだ。我々は、アメリカ国内の四四の大都市で、自己評価による幸福度の平均値の変化に応じた自殺率の変化を確認した。すると、その結果、幸福度の高い市ほど自殺率は低かったのだ。

これは、心理学的研究をする上では、州単位で見るよりも市単位で見る方が有意義であることを示唆している。先行研究でどうしてあのような結果が得られたのかは不明だが、少なくとも我々の調査結果（驚くような結果でもなく、ニューヨーク・タイムズ誌で特集される見込みもなさそうだが）によって、白黒をはっきりさせることになった。

さて、最後は道徳的観点に立ってこの省察を締め括りたいと思う。私たちが幸せであるならば、それは心理的に恵まれているのであって、その恵みは自分だけのものではない。幸せな人は、自分の幸福を慈悲に変え、幸せではない人々に手を差し伸べる義務《リーチアウト》があるのだと、私は思っている。

どの市であろうが州であろうが、社会的な孤立というものが、疎外感やうつ、自殺の温床となるのは明らかだ。その事実を踏まえて、あなたが幸せであるのなら、幸せな人間としての自分の行動を省みていただきたい。はたしてあなたの振る舞いは、他の人たちの不幸を減らすことにつながっているだろうか？

★　私には、この傾向がそこまで単純なものであるかどうか、一〇〇パーセントの確証は持てない。この省察のために調べものをする中で、カザフスタン、ベラルーシ、ロシア、ウクライナといった旧ソ連の国々では自殺率が高いと同時に、国民の人生満足度も低いという報告書に注目すべきことに気がついた。結局、自殺の予測因子というのは、個人レベルでも、また集団レベルでも、幾多もあって複雑であると言ってしまえばそれで十分なのかもしれない。

38 一国の幸福度を測る

Gauging the Happiness of a Nation

自分は幸せなのか、と立ち止まって考えないことが幸せなのだ。
――パーマー・ソンドリアル

近年、国レベルにおける「ウェルビーイング」に関する構想をもっと拡大すべきだという声が高まってきている。長く使われてきた経済的指標だけでなく、さらに心理社会的指標も取り入れるべきだという訴えだ。[62]ブータンが「国民総幸福度」（GNH）に対する関心を明確に表明していることや、ギャラップ社が数十ヶ国を対象にして大規模な心理学的ウェルビーイングの調査をしたことなどを考えれば、世界中のすべての国で定期的に幸福度が測定され、そのデータが追跡され、そしてそれが政策決定に影響するようになるのも時間の問題のように思える。

事実、イギリスやEU諸国ではすでに具体的な取り組みに向けての歩みが始まっているのだが、どうやらアメリカは遅れを取ってしまったようだ。

ただ、こうした取り組みには、考慮すべき問題が二つある。一つは、心理学的ウェルビーイング（すなわち「幸福」）の意味をどう定義するか、ということだ。それはポジティブな感情が存在することなのだろうか？　それともネガティブな感情が存在しないことなのだろうか？　または、自分の人生が満足のいくものであるかどうかを国民が判断する略式判決《サマリージャッジメント》なのだろうか？　それに、他者との親密な関係についてはどうだろう？　自分の仕事への関与度は？　共同体意識は？　はたまた意義や目的についてはどう考えるのか？　これらの要素はすべて、幸福の定義に影響を与える。ただ、いわば朗報と言えるが、時と場所によってその組み合わせは当然変化するものの、これら複数の要素が同時に出現する傾向にある。

第二の問題は、こうした幸福の構成要素をどう評価するかだ。調査研究が専門である私の頭を最初によぎった考えは、信頼度の高い七段階評価を使って幸福の構成要素に関する質問項目を作成し、人々に回答させる、というものだ。このような調査を国レベルでやろうとするのは、一見、骨が折れそうに見えるが、それはロジスティック面のみであって、社会科学者たちが少ないサンプル数で長年行ってきたことと何ら変わりはしない。

しかし、もう少しよく考えてみると、懸念事項が出てくる。国の幸福度を測定する方法として質問紙調査のみを頼りにすると、誤った解釈が生じかねないのだ。自己報告評価の落とし穴というのはよく知られているが、今回のケースでの落とし穴は、ほとんどの「幸福度」測定で、その意図がひどく見え透いている、ということだ。つまり、回答者の一部または大半の人たちが、自分たちの回答が政策決定を左右すると思っていたら（たとえば、幸福度の低い地域により多くの財源を充てるなど）、彼らの回答は本当に信用できるのだろうか？　信用できる可能性もあるが、そうでない可能性もある。しかし確実なところは知り得ないのだ。

経済的指標を用いたウェルビーイングの評価というのは、不十分ではあるかもしれないが、参照する対象はすべて検証可能な事柄だ。

国の幸福度を測るための質問紙調査は最初の一歩としては素晴らしいものであり、私はそれが役に立たないと言っているわけではない。私は幸福度を測るためには他にも方法がある、ということを示そうとしているのだ。特に、その中でも目立たないやつを。

私はフェイスブックをやっていない……おそらく私はこの地球上で最もこの言葉が似合わない種類の人間に属するのだが、実際にやってはいない。それはさておき、あるフェイスブック上の投稿の新しい活用方法というものに、私は目を引かれた。ひょっとすると、読者の皆さんはすでによく把握していることなのかもしれないが、私にとっては目新しいものだった。

フェイスブックに投稿された文章の中から「幸せ」または「不幸せ」を示す言葉を探してその数をカウントし、人の大集団（フェイスブックは三億人以上のユーザーを有している）における集合的な心的状態を長期にわたって測定することや、さまざまなイベントとの関係を調べることが可能らしいのだ。当然、休日は全体的に幸せムードが高めになり、有名人の突然の死（たとえばマイケル・ジャクソンなど）に触れれば全体のムードは不幸せなものになる。

では、国の幸福度を測るのにフェイスブックを利用すべきなのだろうか？　おそらく、プライバシーの問題や、フェイスブックのユーザー集団が、一国内にしろ、国をまたぐにしろ、無作為ではないことを考えれば、答えは「ノー」だろう。

しかし、この例で見たような、専門的でない方法、すなわち、新聞や書籍、流行歌など何でも、そういった自然発生的な文化的産物を利用するのはなかなか面白そうだ。そして、幸福測定のために利用されるものが多ければ多いほど、結果の精度は上がっていくことだろう。

39 国民総幸福度（GNH）

Gross National Happiness

ダウ平均株価では国民の精神を測ることはできない。同様に、国民総生産（GDP）では国民の功績を測ることはできない。

——ロバート・F・ケネディ

イギリスのデービッド・キャメロン首相は、国民の幸福度を重視して政策に取り入れる公約をすることによって、他国のリーダーたち（特に注目されるのはフランスのニコラ・サルコジ大統領だ）の仲間入りをはたした[63]。

馴染み深いGDPの格づけにも見られる通り、お金は重要だ。しかし、ウェルビーイングもまた然りだ。それは、GNH（国民総幸福度）と呼ばれようがGWB（総体的ウェルビーイング）と呼ばれようが同じことだ。ポジティブ心理学者や他の研究者たちによる長年にわたる研究から結論づけられるのは、お金とウェルビーイングは関連してはいるが、機能面では重複しておらず、個人レベルでも国レベルでもそれは変わらない、ということだ[64][65]。

しかし、悪魔はいつも細部に宿るものだ。ここでの「悪魔」は、ウェルビーイングの情報をどのように国の政策に活かし得るのかということだけでなく、そもそもどのようにしてウェルビーイングの数値を決定するのか、という問題だ。世論調査をすればいいのか？　フェイスブックページの内容分析をすればいいのか？　それとも交通渋滞に巻き込まれた時間といった客観的な指標を使えばいいのだろうか？

方法はたくさんあるが、いずれにもプラス面とマイナス面が潜んでいて、私はウェルビーイングの値を決めるためのベストな方法というものはないだろうと思っている。国民のウェルビーイングを追跡する上では、インテリ風の研究プロジェクトもいいが、多様な方法を組み合わせたアセスメントも有用だろう。

私はアメリカ政府の裏事情に精通しているわけではないが、世界の潮流の中にあって、今のアメリカに足りないのは、国家の指導者たちによる国民のウェルビーイング――幸福――を重要視するという決断だろう。これは、右翼とか左翼とかの問題ではない。いやはや、アメリカに現存する政治的分裂を越えて、いかなる政治家もこの問題が重要であることには同意できそうなものだが、現状ではそれは高望みというものかもしれない。

今までアメリカの指導者たちは、社会主義者的だとか保守的だなどと称され、今現在アメリカ国民が直面する現実問題から目をそらしているなどと批判されることを恐れて、国民の幸福度を重視することを表明する気になれなかったのかもしれない。しかし、サルコジ大統領やキャメロン首相の表明の裏には、フランスでもイギリスでも、旧態依然の取り組みでは本質的に大切な何かを欠いてしまった背景があるわけで、そうでなければそんな表明はなされるはずがないのだ。

幸福に付随すると考えられるすべての望ましい結果、たとえば、健康や長寿、成功、良好な人間関係、そして仕事の生産性もまさにそうなのだが、こうしたことを考えれば、アメリカも、そろそろこの潮流に乗る時期なのかもしれない。

もちろん、アメリカの国民総幸福度に関するデータは役に立たないと判明する可能性もあるだろうし、またはたんなるデータ収集というのは、下手をすれば意図せぬ結果を招く可能性もあるだろう（「落ちこぼれゼロ法」（No Child Left Behind）がその好例だ）。しかし、それでも私は、こうした問題の可能性についての議論がなされることを期待している。アメリカの現状を見ると、人々の最大の関心はＧＮＡ（国民総怒数）に向けられているようだ。しかし、よい生き方のためには、それ以上に重要なものが他にあるのではないだろうか。

第5章 ポジティブ心理学とよい生き方

Positive Psychology and the Good Life

ポジティブ心理学とは、人生においてよい方向に向かうことについて科学的に研究する学問である。この定義をもって、私は「科学」の部分を協調したい。ポジティブ心理学は、科学的なエビデンスが実際に示すものによって特徴づけられなければならない。そうでなければ、たんに机上の空論（省察47を参照のこと）をもう一つ増やすことにすぎなくなってしまう。

この章では、科学としてのポジティブ心理学に焦点を置いている。ポジティブ心理学という新たな観点と、この観点が最近影響を与えたテーマについて明らかにしていきたい。そして、よい生き方に関する科学的研究の理論的な意味合いを引き出しながら、今後、ポジティブ心理学の見解が発展するにつれて直面するであろう課題についていくつか触れてみたい。

40 ポジティブ心理学とは何か、また何でないのか？

What Is Positive Psychology, and What Is It Not?

なぜ、いつも非難したり告発したりするのか。非難や告発は陰気な人たちの徳行（モラル）であり、陰気な徳行（モラル）だ。かたや善は……一言ではとても言えない多数のよいおこないと……よい気質のなかにしかないものである。そうしたよい気質が伝統的に徳つまり優秀さと呼ばれている。

——アンドレ・コント＝スポンヴィル『ささやかながら、徳について』（*Petit Traité des Grandes Vertus*、中村昇、小須田健、C・カンタン訳、紀伊國屋書店）

ここ一〇年ちょっとの間で、ポジティブ心理学は、学界だけでなく、一般の人々にも高い関心を持たれてきた。私はこう書きながらグーグル検索してみたのだが、「ポジティブ心理学」で二三四万件以上ものヒット数があることを知った。これはどう考えてもすごいことだ。ただ、我々ポジティブ心理学者全員がまだまだ謙虚にならざるを得ないのは、「ブリトニー・スピアーズ」と検索して五七〇〇万件以上のヒット数、「レディー・ガガ」と検索して四億五三〇〇万件以上ものヒット数をそれぞれ記録するという事実があるからだ。

それでも、より大きな世界がポジティブ心理学に関心を持ってくれるのはよいことだ。そして、その関心が、病的な好奇心や、支離滅裂なことを目撃したいという願望を伴うものでなければさらによいかもしれない。

ポジティブ心理学が人気であることのマイナス面は、この新しい分野に関わる人々が、さらに人気を得ることを求めて、研究で明らかとなっていることよりも先走ってしまう誘惑に駆られることだ。ここで私は落ち着いて、ポジティブ心理学とは実際には何であって、実際に明らかとなっていることとは何なのかを説明してみたいと思う。

ポジティブ心理学とは、人生を最も生きるに値するものにする要素について、科学的に研究する学問である。[66]**弱みと同じくらい強みに関心を持つこと。最悪のものを修復しようとするのと同じくらい最高のものを構築することに関心を持つこと。病気を治癒するのと同じくらい普通の人の人生を充実したものにすることに関心を持つこと。**そのための心理学の科学と実践に対する要請なのだ。この定義によると、心理学によって、人間が経験する深刻な問題が無視されたり、退けられたりすべきだとは言っていないし、そんな含意もない。また、ポジティブ心理学以外の心理学が無視されたり、退けられたりすべきだとも言っていないし、そんな含意もない。ポジティブ心理学の価値とは、何十年もの間、心を科学する学問の中心になっている「問題に焦点を合わせる心理学」を補完し、拡張させることにあるのだ。

ポジティブ心理学は、いくつかの分かりきった道理によって裏づけられている。[67]まず、人生におけるよいことは、悪いことと同じくらい本物である。よいことは、悪いことに対する派生物でも、副次的なものでも、随伴現象説的なもの（意識は物質の物理的状態には何の影響も及ぼさないという考え方）でも、幻影でも、あるいは疑念でもない。

次に、人生におけるよいことは、人生においてたんに「問題がない」ということと同じではない。誰でも、「うつ状態ではない」ことと、「その日起きるであろうことにワクワクしながら朝ベッドから飛び起きる」ことは別物だと知っているはずだ。

第三に、よい生き方というものは、独自の説明を必要とする。それはたんに、病気や障害についての理論を横向きにしたり、ひっくり返したりすれば分かるというものではない。

ポジティブ心理学は心理学であり、心理学は科学である。そして、科学には、エビデンスに対してあらゆる学説を確認することが要求される。ポジティブ心理学はしたがって、**実証されていない自己啓発や、根拠のないアファメーションや、世俗的な宗教と混同されてはならない。これらがいかに自分たちを気持ちよくさせるものであっても**、だ。ポジティブ心理学は、ポジティブシンキングの力のリサイクル版でも、『ザ・シークレット』（*The Secret*　山川紘矢、山川亜希子、佐野美代子訳、角川書店）の続編でもないのだ。

ポジティブ心理学のあり方は、ポジティブ心理学が依拠する科学によって決まる。これまでのところ、科学は素晴らしい発展を遂げている。心理学的なよい生き方について、近年明らかとなった事柄を考えてみるとよい。いずれも、私自身が数十年前に履修した心理学のクラスでは一切言及されなかったことだ。

・たいていの人は幸せである。
・幸福感は、人生におけるよい出来事の原因であって、ただ幸せな出来事に一緒にくっついてくるようなものではない。人生に満足している人は、最終的にはもっと満足するための理由が見つけられるものだ。幸福感は、学校や職場での望ましい成果につながり、社会的に人間関係を充実させ、さらには健康と長寿にもつながる。
・たいていの人はレジリエンスが高い。
・幸福感や、「キャラクター・ストレングス」や、良好な社会的関係は、失望や挫折といった有害な悪影響を和らげる効果がある。
・危機的な状況においてキャラクターが顕わになる。
・何が人生を最も生きるに値するものにするかを理解したければ、他者がとても重要（Other people matter）である。
・宗教的信仰は重要である。
・仕事は、労働者を課題に専心させ、人生に意義や目的を与えるものとして重要である。
・お金は次第に減っていくため、幸せに対して限られた貢献しかできない。しかし、お金が他者のために使われた場合には、お金で幸せを買うことができる。

・満足感に満ちた人生を送るためには、快楽主義よりエウダイモニア（よく生きること）が勝っている。

・「こころ」(heart) は「頭」(head) よりも重要である。学校では、クリティカルシンキング（批判的思考）を積極的に教えるが、無条件の愛についても教えるべきである。

・「よい日」には共通の特徴がある。自律的で、有能感があり、他者とつながっている、などだ。

・よい生き方は人に教えることができる。

最後の点は特に重要だ。それは、幸せがたんに、遺伝子ルーレット盤の幸運なスピンによる結果ではないことを意味しているからだ。よりよい生き方をするために人々ができることがあるのだ。とはいえ、それは、人々がそれぞれ異なる生き方（振る舞い方）を一生貫くことが大前提になる、と取り急ぎつけ足しておくが。**よい生き方をするには大変な努力を伴う。持続的な幸福への近道はない**（第6章の省察を参照のこと）。

以降の省察で、私が目指すものがいくつかある。

まず、心理学的なよい生き方に関する研究結果について説明しよう。

第二に、これらの知見に基づいた、最も有望な実践応用について検討したい。

そして第三に、私たちの住む世界の意義を理解する視点として、ポジティブ心理学を活用したい。私がこう言うことで、読者の皆さんが面白いと感じてくれるとよいと願っている。

41 科学を理解するということ

Blaming the Science Versus Blaming the Victim: A Third Alternative

自分がこんなに長生きすると知っていたら、もっと自分を大切にしただろうに。

――ユービー・ブレイク

ポジティブ心理学研究にとって不都合なのは、特に研究結果が一般大衆向けのメディアを通して広まるときに、人々が、自分自身や知人たちの生き方に関係する研究結果と、たった今メディアで目にした研究結果とを比較して、混乱してしまうことがあることだ。たとえば、「幸せで楽観的な人は、学校や職場で成功しており、魅力的で、よい人間関係を築いている」とか、「健康で長生きする」といったようなことをメディアで読んだとしよう。はたして、幸せで楽観的な人がうまくいっておらず、逆に、不幸で悲観的な人が成功している状況を目の当たりにするとき、これは何を意味するのだろうか？　人々は混乱するだろうし、うまくいっていないのが他の誰でもない自分である場合には、特に混乱してしまうことだろう。

「でも、自分はやるべきことはちゃんとやったぞ！　自分は明るい人間だった。物事のよい側面を見てきた。日々、よい出来事もたしかに数えたし、自分の強みも発見したし、ボランティア活動もした。他人に誠実な気持ちで接しもした。自分の存在意義もしっかりと把握した。それでも自分の人生はメチャクチャだ」

このような混乱が生まれるのは、何もポジティブ心理学の研究結果に限ったことではない。健康的な習慣や、健康資産《ヘルスアセット》に関する研究などでは、もっと頻繁に混乱が生じている。毎日運動して、賢く食べて、飲酒を控えて、タバコには手も触れない。テロメアの長さは理想的で、コレステロール値は低い。それでもまだ自分の健康はひどい状態にあるかもしれない。その一方で、大叔父のフレッドは、反省のないカウチポテトで、喫煙し、酒を飲み、野菜を忌み嫌っているにもかかわらず、九三歳にして元気旺盛なのだ！　大叔父はいずれ私の葬儀に出席してくれることだろう……その逆ではなくて。

このような混乱に対して、どのような反応が考えられるだろうか？

一つの反応としては、科学を非難して、「すべてナンセンスだ」と結論づけてしまうことだ。研究から得られるであろう結果に対して、「例外もある」とすぐに考えてしまうこともできるからだ。このような反応は、とかく疑り深い大学一年生に加え、一部のポジティブ心理学の批評家たちの間でもよく見受けられるものだ。

もう一つの反応は、自分を非難することだ。この場合、科学については受け入れるものの、それほど幸せでなかったり、楽観的でなかったり、レジリエントでなかったりなど、うまくいっていない部分についてはどういうわけか自分のせいだと結論づけてしまう。「ああ、自分が○○だったら……満足できて、成功できて、健康になれるのになあ……」と繰り返しぼやく。自己非難から引き起こされる罪悪感は、何もかもうまくいかないことから生じる悪感情をさらに強めてしまうだけだ。

被害者を責めるべきではないことは誰でも知っている。[68] この洞察から当然の結果として導かれる「ポジティブ」な教訓は、「勝利者を祝福すべきではない」というものだ。[69] しかし、人は多くの場合、被害者を責め、勝利者を祝福してしまう。

ここで、科学を非難するのではなく、また被害者を非難するのでもない、第三の選択肢を示してみたい。科学を「**理解してみる**」というのはどうだろうか？　たとえば、「幸せが長生きにつながる」とはどういう意味だろうか？[70] これは、人生の早い時点における幸せが、人生の後の(ときにもっと後の！)時点で生きていることを平均的に予示する、という意味にすぎない。しかし、両者の関係性はとてもではないが完璧とは言えない。必ずそうなることを保証するものではないし、例外も想定されるべきだからだ。その例外とは、悲しいかな、あなた自身かもしれないし、あなたが愛する誰かであるかもしれない。

頭痛がすれば、アスピリンを摂取するだろう。アスピリンは効くかもしれないが、たとえ効かなかったとしても、アスピリンの瓶を投げ捨てたり、アスピリンを製造するバイエル社の株を売却したりするなんてことはしないだろう。無理のないところで、今回はアスピリンは効かなかった、と結論づけるだろう。**そういうこともある**と。**まあ仕方がない**と。そして、次に頭痛がしたときには、おそらくまたアスピリンを一つか二つ試してみるだろう。

私は皆さんに、ポジティブ心理学の研究結果についても同じように賢明に対応するよう促したい。研究には、結論がある場合とない場合とがある。研究者が「XはたしかにYにつながる」と結論した場合、それは「そういうことが偶然よりも頻繁に起きる」という意味にすぎない。

例外が生じても、それは研究者が詐欺師であるとか、その例外が非難されるべきものであるという意味ではない。**そういうこともある**のだ。**まあ仕方がない**のだ。結論（つまり一般化）は、誤解されたとしても、完全なままであり続ける。

ポジティブ心理学研究から導き出される結論とは、予測変数（幸福、楽観など）と結果変数（成功、健康など）との間から算出された相関係数（または統計学的に相当するもの）を反映したものだ。「相関とは因果関係ではない」ことは誰でも知っているが、私はここでは実際に因果関係を反映する相関関係に焦点を置いている。このような場合であっても、例外は予想されるのであって、因果関係は本質的に確率論的なのだ。ただし、例外が、道徳的な非難を呼び起こすものであってはならない。

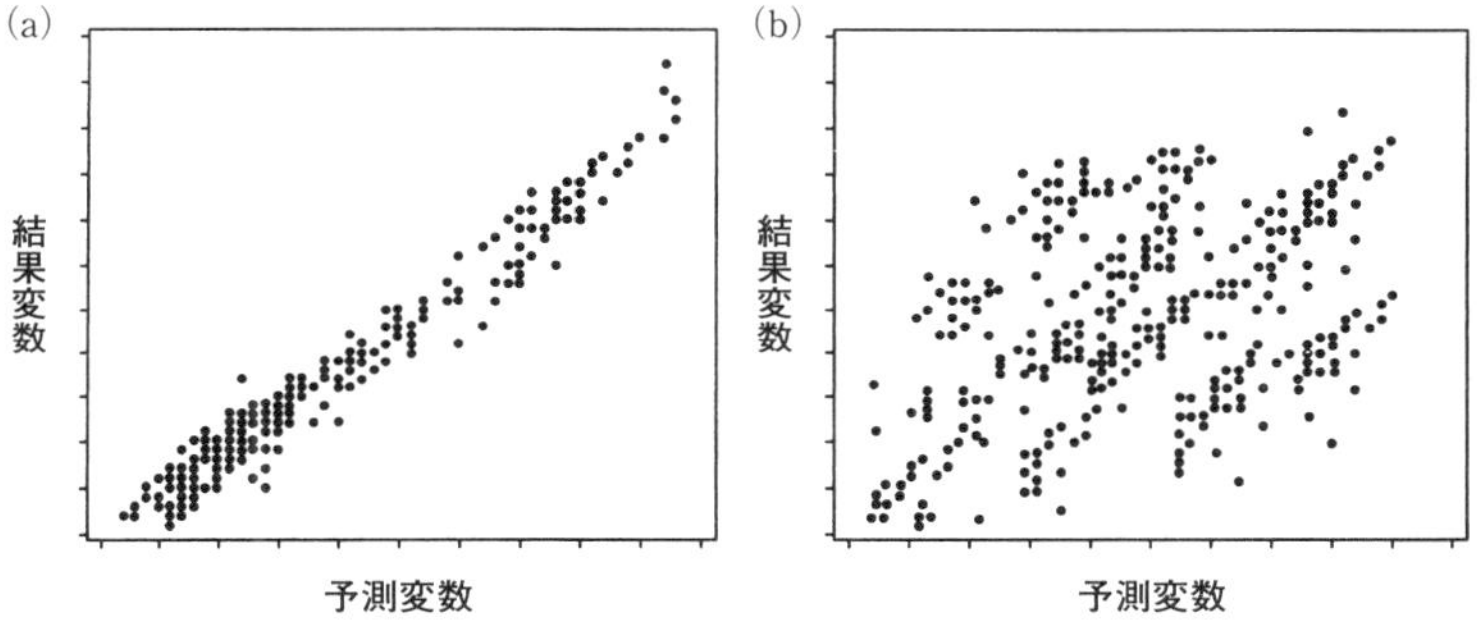

図3　予測変数と結果変数

つまり、皆さんは、「XがYにつながる」という、図3（a）で示されるような、基本的にXとYが直線的な関係性を反映するかのような典型的な結論を耳にすることだろう。しかし、実際には、ポジティブ心理学を含む社会科学のあらゆる結論が、図3（b）に示されるような関係性を反映するのが事実なのだ。

私たちはこうした「完全ではない」関係性を無視してはならない。すべての条件が等しければ、喫煙しなければもっと長生きする。すべての条件が等しければ、幸せであればもっと成功する。すべての条件が等しければ、楽観的であればもっと多くのことを達成する。しかし保証はない。例外は発生する。これはまあ仕方がないのだ。

私は、こうしたただし書きや注意事項なしに述べられた研究結果について誤解してしまう人たちを非難しない。私はむしろ、誇張した一般書を書くポジティブ心理学者や、良識ある報道よりも宣伝工作的なキャッチフレーズを好むサイエンスライターたちを非難する。

皆さんは、できる限り、実際の研究に基づいた、良質なアドバイスに耳を傾けるべきだ。アドバイスを聞き入れない人については非難することもできるだろう。しかし、よいアドバイスも、また、そのようなアドバイスをしてくれる人も、それがうまくいかないからといってどちらをも非難すべきではない。それはどうしても起きることなのだから。

42 完璧な人なんていない

Perfect People

私の好きな曲の一つに、スティーブ・グッドマンの「あなたは私の名前すら呼んでくれなかった」("You Never Even Called Me by My Name") というのがある。グッドマンは完璧なカントリーソングを書くことを目指していた。しかし、彼の友人デビッド・アラン・コーに最初の下書きを見せたとき、「完璧なカントリーソングは、酔っ払い、母親、雨、列車、トラック、刑務所、それに死について触れる必要がある」とのアドバイスを受けた。そこで彼は、これらすべてのテーマが次々と出てくる歌詞を加筆した。それはたしかにこの歌を完璧な作品にした……完璧にバカらしい作品に。

私がこの歌のことを考えたのは、ポジティブ心理学（または心理学そのもの）に「自然概念」

(natural categories) があるのかどうかについて、マーティン・セリグマンと会話をしている最中のことだった。自然概念とは、生物科学や物理科学がそうであるように、構成概念として「自然をその接合部位で切り分ける」ということだ。私がすぐさま思いついた答えは、「いいえ。と言うのも、心理学は無関節のクラゲについて研究する学問であって、そこには切り分けるものが何もないからです。我々ポジティブ心理学者にできることと言えば、物事を記述することであって、しかも与えられた社会文化的観点から記述することです」というものだった。

悪くない答えであったが、セリグマンは、アイザック・ニュートンによる何世紀も前の重要な実験について話し始めた。それは、プリズムを使って自然光を虹に分解し、二つ目のプリズムで虹を自然光に再構成することによって白色光の基本的構造を明らかにした実験だった。

その話を契機に、私はポジティブ心理学について深く考え込むようになった。研究では、心理学的に健康な人について、よい生き方を構成するさまざまな要素という観点から記述されている。

・ネガティブ感情に比べてポジティブ感情をもっと頻繁に経験している
・人生に満足している
・才能や強みを見つけて活用している
・活動に没頭している

・近隣住民や、同僚、友人、家族たちと密接な関係を持っている
・地域社会に対して貢献度が高い
・意義や目的を持っている

もちろん隔たりはあるものの、このリストはポジティブ心理学の「幻の目標《レインボー》」を語るには悪くないスタート地点であろう。思考実験を行ってみよう。以上の要素から一人の人間を再構成し、それがどのような女性であるか想像してみよう（再構成された人物が男性だと想像するには、私にはかなりの説得を要する）。

この創造物は信頼できるものだろうか？　実在の人物ではないとすれば、少なくとも私たちが努力して目指すべき理想像として信頼できるものだろうか？　この女性はマザー・テレサとアンジェリーナ・ジョリーの複合体だろうか？　または、にせもので、退屈で、実に不気味な「ステップフォード・ワイフ」（完璧な妻しかいない理想郷を描いたアメリカのホラー映画）のパロディーだろうか？

ポジティブ心理学の実践家は、よい生き方を構成するさまざまな要素を開拓しようと努力している（その試みはうまくいっていると私は信じている）。そうやって、自分でも信じられないほど成功したとして、ある日、ある人を対象として、各々の構成要素を強化して、ポジティブ心理学的に完璧な人物を造り上げたとしよう。その全体は、部分の総和よりも優れたものか、ある

いは部分の総和に等しいものとなるのだろうか？　それとも、どういうわけだか劣っていて、スティーブ・グッドマンの歌のように完全にバカげたものとなってしまうのだろうか？　私にはどうも、この最後の可能性が当てはまるように思えてならない。

おそらく、**欠点や、困難は、私たちにとって必要なもの**だ。欠点や困難が克服できないことで、それが挑戦課題となって、私たちを立派な人間にしてくれる限りはそうなのだ。もしかすると、よく生きることの構成要素として、「人間である」ことをポジティブ心理学のリストに加えるべきなのかもしれない。しかし、そうすることで、その他の構成要素を必要条件でも十分条件でもなくしてしまう危険性が生じる。それは、「関節を求め続けるクラゲ」のスタート地点に私たちが置き去りにされてしまうという大きな警告でもある。

43 不幸にも未来はある？

The Future of Unhappiness

ダリン・マクマホンは、『ある幸福の歴史』（*Happiness: A History*、未邦訳）という著書の中で、その昔、幸福（happiness）とは、たんにある人に「起きた」（happened）出来事と考えられていた、と説明している。[71]★ 以来、事情は変わったようだ。幸福、あるいは少なくとも幸福の追求は

「人権」になった。そして、ウェルビーイングを確実に増強する効果のあるポジティブ心理学的介入の出現で、今や多くの人たちが幸福の追求以上のことができるようになった。実際、人々は幸福を実現できるようになったのだ。

さて、それでは、不幸についてはどうだろうか？ そして、いつも不幸を経験する人については？

この主題をめぐっての私の考えは、副鼻腔手術における過去と現在について、（詳しすぎるほど）説明してくれた外科医との会話がきっかけとなった。数十年前、外科医たちは、文字通り、患者の顔を切開した。今日では、患者の鼻孔から副鼻腔の手術を行うことができる。副鼻腔手術の数が指数関数的に増加している影響で、手術ははるかに簡単になった。

こうした新たな外科手術による付加的作用は、完璧とは言えない副鼻腔（かってはティッシュで我慢していたもの）が、今や治療できるという**理由**だけで、医療問題や、障害や、疾患として見なされるようになった、ということだ。

今、ポジティブ心理学的介入によって不幸を「治療」できるとすれば、とうてい理想的な状態とは言えない情緒や、平均値以下の人生満足感について、社会全体としてどのように考えることができるだろうか？

こうしたことを、文字通りに、または比喩的にでも、疾患として扱えるようになるだろうか？

私たちは、不幸を「問題化」（人文科学に造詣の深い私の友人たちはこういう言い方を好む）したいのだろうか？

不幸が社会的に不名誉となるということはあるだろうか？（少なくともアメリカでは、「不幸はすでに不名誉を伴ってしまっている」と言う人もいるだろう。）

不幸が道徳的に非難されることは？

不幸を取り締まる法律が、少なくとも建物内に表示された場合はどうだろうか（喫煙に対する取り締まりのように）？

この取り締まりに対して、不幸を支持する活動家たちがかつてないほど弱々しく抗議したら？

こんな推測ばかりする私はバカげている。しかし、ここには重大なポイントが潜んでいる。それは、**不幸は、たまに人生にプラスになるのではなくて、実際にプラスになる**、ということだ（省察6を参照のこと）。また、**幸福は純粋によいものというわけではない**、ということだ。つまりそれは、ポジティブ心理学が、「記述的」な科学としてのスタンスであるにもかかわらず、予見できない、必然的な「規範的」結論を持つかもしれない、ということなのだ。

しかし、はたしてこんな議論が、私たちを幸せにしてくれるものだろうか……？

★　英語の「幸福」は、「偶然」または「運」を意味する古ノルド語の「happ」に由来する。興味深いことには、中国語における「幸福」もまた、「偶然」または「運」を意味する。

44 ポジティブ心理学はデタラメなのか？

Positive Psychology and Bullshit

内蔵型のデタラメ発見器を発明しなさい。
——アーネスト・ヘミングウェイ

ポジティブ心理学はデタラメ（bullshit）なのだろうか？

先日、ある人が私に穏やかな口調でこう尋ねた。この質問には、すぐに私の頭に浮かんだ答えではなく、じっくりと考えて答えるのがふさわしいだろう。

省察40で述べたように、**ポジティブ心理学**とは、何が人生を生きるに値するものにするのかについて、科学的に研究する上での推奨事項を遵守している人々の業績を体系化した**包括的用語**〔umbrella term。「傘のように覆う」の意から〕である。ポジティブ心理学の理論、研究、実践の具体的事例は、ちょうどあらゆる他のものと同じように、よいものであったり、悪いものであったり、あるいは醜いものであるかもしれない。この包括性〔傘〕自体はデタラメではあり得ない。それでは哲学で言うところの範疇《はんちゅう》誤認《ごにん》となってしまうからだ。

しかし、その傘を持つ人（たとえば私）についてはどうだろうか？ また、何であれ傘が覆っているもの、すなわち、ポジティブ心理学者によって成し遂げられた基礎研究ならびに応用実践の業績はどうだろうか？

ハリー・フランクファートの有名なエッセイ『ウンコな議論』（*On bullshit*、山形浩生訳、筑摩書房）では、デタラメというものが一体何なのか、また何でないのかを理解するための視点を与えてくれている。[72] フランクファートは、デタラメについて、「嘘」としてではなく、「真実に無関心なもの」と定義している。

この定義によれば、査読付きの学術誌に発表された研究論文ではないもの、そのような論文で適切な必要条件や警告を含んでいないもの、他の研究者たちがその論文に対して異なる結論を支持する独自のデータをもって議論に加わることのないもの、これらはいずれもポジティブ心理学の科学とは認められない。少なくとも社会科学者たちが到達しようと努力しているやり方においては、**真実**こそが常に最大の関心事である。

しかしまた、この定義によれば、自称ポジティブ心理学者たちの存在は認められることになる。自分で自分のことをポジティブ心理学者と名乗り、表向きにはポジティブ心理学研究について語りながらも、その内実は実際の研究で解明されたことなど意にも介さないことを語り続けるのであれば、それはデタラメだ。偶然、そのデタラメの内容が正しかった場合にもデタラメであることに変わりはないし、そうでない場合は特にデタラメだ。

そういった例はたしかに複数存在する。「幸せになる秘訣」や、「最高に幸せになる六つの簡単な方法」などを約束するような人に対しては誰でも、「デタラメ検出器」が発動するに違いない（それが違法行為ではないと仮定しての話だが）。

ポジティブ心理学者たちは、幸福を左右する数多くの決定因子を見つけたが、それらはいずれも秘訣と言うにはほど遠い。それらはどこの大学の図書館にでも置いてあるような科学書や科学の雑誌にすでに明記してあることだからだ。そして、「幸せになるのは簡単だ」などという人はいずれも、本来の研究が発表されている学術誌など読んだことがないのだ。

ところで私は、ポジティブ心理学の本の著者や、サイエンスライターの書いたもので、本の副題や、新聞記事の見出しがまともだと認められる場合には合格印を与えているのだが、まともなものは結構多い。と言うのも、それらは概して本人たちによって書かれたものではないからだ。読者は、表紙や見出しにバカげたことが書いてあるという理由だけで、本や新聞記事を判断してはならないことをあらかじめ注意しておくべきだろう。

いずれにせよ、私が知っており、尊敬しているポジティブ心理学者たちは、軽薄な人たちではない。彼らは実に、私と同じように、念入りに考察を重ね、推測し、仮説を立てる。しかし、これもまた（願わくは）私と同じくらい、彼らは皆、自分たちがやっていることを自覚している。それはデタラメではない。たとえ彼らの洒落っ気のある言い方が少々間違っていたとしても、それは害のない、健全な知的娯楽なのだ。そしてそれこそが、多くの人たちにポジティブ心理学が面白いと感じさせるものなのだ。

私がポジティブ心理学について講演するときにいつも驚くのは、データが実際に示す内容について、人々が強い関心を持っていることだ。私が受ける最も一般的な質問は、私が講演中に触れた具体的な研究と、触れなかった研究に関するものだ。人々は私から、安易な誘惑に負けて真実を無視した、無知な意見など聞きたくないのだ。むしろ人々は、研究についてもっと詳しく聞きたがる。そこから自分たち独自の結論を導き出すことができるからだ。そうした人々からの求めが私に真実の探究を続けさせる。そして、かく言う私は、ポジティブ心理学の仲間たちから浮いたメンバーだとは思わない。

ここで再び尋ねるが、読者の皆さんは私を信じなければならないのだろうか？　信じるべきではない、というのが正解だ。自分自身で真実をたしかめて、考えてみるまでは……。**ポジティブ心理学は豊かな分野であるが、皆さんを豊かにするものではない**のだ。

45

ポジティブ心理学に巣食う悪い仲間

The Bad Company of Positive Psychology

悪い仲間といるよりは一人でいる方がよい。

——ジョージ・ワシントン

ポジティブ心理学が創始された当初、我々研究者の幾人かは、**悪い仲間**、つまり、よくも悪くもさまざまな意図を持ち、ポジティブに魅了されて、ポジティブ心理学に関わっているものの、科学には無関心という人たちによってこの分野が脅かされる危険性に舌打ちをしたものだ。ポジティブ心理学はその後発展を遂げたが、同時に、悪い仲間もまた増殖したようだ。

私はここで、悪い仲間に対する私の懸念について、自分の考えを押し広げると同時に、分類学を提案しながら、今日の状況に寄せて述べてみたい。ハワード・ガードナーによると、分類化、つまり世界をカテゴライズする能力は、際立った多元的知能の働きの一つなのだそうだ。(73) 博物学者のリンネやガードナーたち本人は、知能に関する分類学を作成したという意味で、たしかに天才としての素質を有している。私自身がそのような選ばれた天才集団に属しているのかどうかは疑わしいが、とにかく次のような分類を考えてみた。

ポジティブ心理学の悪い仲間に関する一般的なカテゴリー区分に含まれるものとして私が考えるものは次の通りだ。

・**バカな仲間**：ポジティブ心理学の科学について注意を払うものの、許容範囲を超えて単純化しすぎてしまう人々。

・**意地悪な仲間**：心理学に出入りして、ポジティブ心理学に対して、また、もっと敷衍《ふえん》して何でも「ポジティブ」なもの（幸福、楽観など）に対して容赦ない攻撃を仕掛けてくる人々。彼らの批判が正しい場合でも、彼らが人々に一体何を求めているのか、私はいつも混乱する（省察13、14を参照のこと）。いずれにせよ、私は、彼らがポジティブ心理学者たち（バカではないポジティブ心理学者たちの意）が実際に書いたものを読んでくれたらよいのにと思う。うまくいかないことと同時に、うまくいくことを認めて研究する**バランス心理学**の必要性について書かれたものを。

・**一つの芸当しかできない仲間**：たった一つのポジティブ心理学エクササイズまたは介入（よいことを数えて感謝する、キャラクター・ストレングスを特定して活用するなど）に飛びつき、それをあらゆる難題解決のための**唯一の万能薬**として勧める人々。

・皮肉なことに、**ハッピーな仲間**：ポジティブ心理学がたんなる**幸福学**（happiology）ではないことは知っているものの、幸福のノウハウ本だけを書く人々。

本の題名に「幸福」と入れると売上げアップにつながることが分かっている（それが証拠に、米アマゾンの売上げランキングを調べてみるとよい）。それにしてもなぜ、ポジティブ心理学者たちは、この分野の対外的な顔を市場に操られるままにされることを許しているのだろうか？

・そして、最も陰険なところでは、**無関心な仲間**：ポジティブ心理学の理論や発見について、あたかも終わった話であるかのように扱う人々。「学んで得するような新しいテーマなんてあるのでしょうか？」「新しい応用や介入手法なんてありましたか？」といった感じで。

ポジティブ心理学の未来について私が講演をするとき、私はたいていこの引用句で講演を締め括る。「私は自分と一緒にいる仲間たちについて不安を感じています……それは、宗教家、哲学者、ファン、夢想家、能天気人間といった人たちです。冷徹な科学者たちはむしろ私は敬愛してやまないくらいです」。そして私は、この引用句を書いたのは誰かと尋ねるのだ。

答えは、私と同じような不安を抱えていた、人間性心理学の創設者、アブラハム・マズローだ。[74] マズローは、新たな探究に対して無関心なアプローチを「安全志向の科学」、自ら進んで新たな問いを発し、間違えることを厭わない大胆なアプローチを「成長志向の科学」として区別した。ポジティブ心理学は成長志向の科学であるべきだ。悪い仲間はそのための助けとはならない。

46 ポジティブ心理学への6つの批判

Taking on the Criticisms of Positive Psychology

闇を呪うよりも光を灯す方がよい。

――中国のことわざ

他人が灯した光を呪うよりも光を灯す方がよい。

――クリストファー・ピーターソンのことわざ

私は最近、この本の省察のような感じでポジティブ心理学について自分が書いたものに対して、人から意見をもらった。簡単に言えば、その意見とは、私があまりにも人がよすぎる、というものだった。私は批判を避ける。ユーモアと、ときおりの当てこすりを交えて批評をする以外は、私自身、ポジティブ心理学の批評家を引き受けるつもりはない。それに私は、批評家たちを名指ししてどうこう言うこともない。

私は、批判はもっともなものとして認めている。私は論争を嫌悪しているし、職業柄（私生活でも)、論争を避けることにかけては結構うまくやっている。しかし私は、自ら認めるポジティブ心理学者であり、この分野にかなりの力を注いでいる。そのため、批評家に対してはおそらく反対の立場を取らなければならない。私が批評家よりもよい人である必要はないのだ。もっと率直に、私は自分が信じるものを守るべきなのだ。さもなければ、結局何のためにこんなことをやっているのか分からなくなってしまう。

メディア受けする記事を書く人は、公平でバランスのよい書き方をしようとする。そして、ポジティブ心理学に関する記事が出るたびに、何人かのお決まりの学者たちが、記事に書かれたことを批評するために取材を受ける。ここ何年かの間でポジティブ心理学自体が変わってきているにもかかわらず、彼らはいつも同じことを繰り返すだけだ。もしかすると彼らの批評が時代を超越しているからかもしれないのだが、おそらくはそうした取材に対して彼らが慣れっこになってしまっているせいだろう。

とにかく私は、ポジティブ心理学の批評家にはなりたくない。私は他人を個人攻撃するような人にはなりたくない。★むしろ、自分が批判を引き受ける方が理に適っていると思う。ポジティブ心理学について最もよく聞かれる批判に対する私の応答は次の通りだ。私がうまく答えられているかどうか、それは読者の皆さんの判断を仰ぎたい。

第一の批判：ポジティブ心理学は何ら新しいものではない。

これはたいてい、分野の創始に先立ち活躍した多くの知的先人たちの存在を認めていないとして、ポジティブ心理学を責め立てる学者たちから聞かれる批判だ。本当は違うのに、自分の研究をまったくのオリジナルなものとして発表してしまうポジティブ心理学者たちの例がある。これは当然ながら批判されるべき対象だ。しかし一般的には、これは妥当な批判ではない。

多くのポジティブ心理学者たちは、何が分野に先立つものであり、何が分野の成立を直接的に支えたのか、十分に認識している。ジョナサン・ハイトの『しあわせ仮説——古代の知恵と現代科学の知恵』（*The happiness hypothesis: Finding modern truth in ancient wisdom*、藤澤隆史、藤澤玲子訳、新曜社）を考えてみるとよい[75]。もしかすると、ハイト以外のポジティブ心理学者たちは、ありとあらゆる致し方ない理由があって、先人について言及しなかったのかもしれない。たとえば、出版の事情により強制されるスペース制限の都合などがある。

本当の問題は、ポジティブ心理学者の知的活動において、先人にはっきりと注目すべきときと、先人を脇に置いておくときとを決めることにあるのではないかと私は考える。大学のクラスで講義するとき、私は多くの時間を先人たちの紹介のために費やす。それが大学の講師がやるべきことだからだ。しかし、幸福やキャラクターについて興味を持つ雑誌記者と短時間の取材に臨むときには、先人のアリストテレスの言葉を長々と引用したりはしない。

いずれにせよ、ポジティブ心理学の研究では、いずれの特定のテーマも新しいものではない。新しいと主張する人がいるとすれば、それは当然批判を受けるべきだ。しかし、包括的用語としての「ポジティブ心理学」そのものは新しいもので、以前は種々散在していたテーマ同士を結びつけ、それらテーマを同時に検証することを奨励するのに大きな力を持つ、ということは疑いようのない事実だ。★★これは新しいことで、ポジティブ心理学が人気である理由の大きな部分を占める（省察40を参照のこと）。

第二の批判：何がポジティブかなんて、誰に分かるのだろうか？

この批判は頻繁に聞かれるものの、具体的な話になるとうまくいった試しがない。たしかに灰色の領域《グレーエリア》はあるが、この世には純粋によいものと純粋に悪いものとが存在する。そして、この世に住んでいる誰もが——願わくは、ポジティブ心理学者を含めて——何がよいものであるか判断できる。これらの判断が、大半の回答者が大切にしているものに関する調査データや、大半の人が行う選択行動に対する観察などのエビデンスに基づくものであればなおさら結構だ。よきものこそが、ポジティブ心理学者の研究対象なのだから。

だから私は、うつよりも幸せの方が、短命よりも長命の方が、不健全な生き方よりも健全な生き方の方がよいと信じている。憎悪よりも愛情の方が、疎外感やアノミー（没価値状態）よりも意義や目的の方が、孤独よりも社会的つながりの方が、失敗よりも成功の方がよいと信じている。悲観よりも楽観の方がよいと信じている。

また、バレンタインデーには、あなたの恋人に、芽キャベツや毒ツタではなく、チョコレートやバラを贈ることを勧める。何がポジティブかなんて誰に分かるのだろうか？　その答えは、「私たち全員に」だ。そして、ポジティブについては、ポジティブ心理学の批評家が言うことを信じるよりも多くの意見の一致が見受けられる。

第三の批判：ポジティブに注意を向けるとトラブルに巻き込まれる。

楽観主義がアメリカを弱体化させたと言われている。住宅ローン危機を招き、人々にヘルスケアを忌避させ、国全体の離婚率を高めたのだと。省察13と14で述べたように、これは正しいとも、あるいは間違っているとも言える。まったく現実的ではない、バカげた楽観主義があり、そのような形の楽観主義はたしかに私たちをトラブルに巻き込む。しかし、不確実な世界で、活動を奮い立たせ、よりよい方向へと変化をもたらす楽観主義もある。もし悲観的な見方を受け入れていたらそのような変化は起きなかっただろうし、現状よりも決してよくはならなかっただろう。何千とは言わないまでも、何百もの研究が、悲観よりも楽観の方がよい結果につながることを示している。例外はあるものの、人々がポジティブよりもネガティブに注意を向ける方がトラブルに巻き込まれるのだ。

第四の批判：ポジティブ心理学は人間の苦しみに無関心である。

ポジティブ心理学の存在そのものが、私たちが個人として、また社会として人々の差し迫った問題を解決するといった、本当にやるべきことから気をそらしてしまうという批判がある（省察40を参照のこと）。このような批判は、今日ではかつてほどは聞かれない。それは、ポジティブ心理学者が、人々の問題を解決する手助けをするためのベストな方法の一つとして、その人の心理的資産や強みを見つけて活用することを解明したからだ。床にペンキを塗るためには、どこかに足場を定める必要がある。それならばなぜ、ペンキ塗りを必要としない床の一部の上に足場を定めようとしないのか、ということだ。

第五の批判：ポジティブ心理学の研究結果に基づく介入を行うことは時期尚早である。

この批判は、実際の現場で研究結果を応用する前に、実験室で「さらなる研究」を行うことを促すものだ。心理学から他の分野に至るまで、科学に基づいているはずの介入が、失敗するか、実際に有害となった例はたくさんある。皆さんは経験したことがないと思うが、ロボトミーについて考えてみるとよい[76]。

そうは言っても、私は心理学の基礎研究ならびに応用分野の研究については異なる見解を持っている。それは、クルト・レヴィンのアクション・リサーチ[77]と、より現代的な要請であるトランスレーショナル・リサーチの考え方に呼応するものだ[78]。応用分野の研究は、礼儀正しい距離でも、またつかず離れずの距離でも、基礎研究に従う必要はないし、また従うべきでもない。むしろ、少なくともうまくいくときには、基礎研究と応用研究とは相乗的である。両者は互いを増強し、連携して取り組まれるべきものだ。

介入に必要なのは、より多くの場合に基礎研究に見られる、懐疑的で冷静な態度だ。介入研究者・実践者は、介入が間違っている可能性について検討しなければならない[79]。間違っていたら、その失敗した介入を変更するか、放棄する必要がある。それが進歩というものだ。介入を行う前の不特定期間をただ待つのではない。

まだ検証されていないポジティブ心理学介入の実験参加候補者たちには、まだ介入が実験段階にあると告げられなければならない。成功する保証はないと。そうすれば、本当にやってみたいかどうか、彼らにインフォームド・チョイス（情報に基づく選択）が可能となる。こうやって、我々は、自分たちの介入研究のために参加者を募集した。(80) そのような方法については、私は何も批判するところはない。

第六の批判：ポジティブ心理学者は、研究結果の含意を誇張する。

この批判に対する軽薄な回答としては、大風呂敷を広げるのは人間の本性であって、心理学に関わる研究者たちはこの傾向に勝てない、というものだ。しかし、この答えでは、批判の正当性を認めることになるため、ここでもっとよく検討してみたい。

誇張が独り歩きすることが許される他の多くの領域とは違って、科学は自己矯正的だ。これはつまり、追跡研究によって、最終的には誇張が等身大の現実に引き戻されることを意味する。もちろん、こうした追跡研究が行われる必要があることは言うまでもない。介入をテストすることに対するもう一つの強力な理由がそれだ。

批評家はときおり、ポジティブ心理学者の書いた一般書（一般読者向け）と、ポジティブ心理学者が研究について書いた、査読を経た学術論文（学会向け）とを一緒くたにしてしまう。一般書で主張されたことを擁護することは、たとえその主張が、表向きには科学的な根拠に基づいたものであったとしても難しい。しかし、学術論文となるとこれはまた別の問題だ。一部の人によってときおり誇張される事実をもってすべてのポジティブ心理学を非難することは、耳に心地よい音楽を聴いただけですべての音楽を批判するようなものではないか。

査読のプロセスを経て、信頼できる学術誌に掲載される研究結果（ならびにそのような研究結果に基づく応用手法）は名誉とされるべきだろう。しかしながら、ポジティブ心理学の考え方は、科学誌だけではなく、一般普及書や、インターネットのブログや、iPhone《アイフォン》アプリにまで登場している。そのうちいくつかは妥当なものだが、残りはそうではない。実際に解明されている事実と、たんなる希望的観測に基づく見解とを見分けるのは、一般読者にとっては困難であろう。誇張は実際に起きる。そして、誇張は、ポジティブ心理学のすべてを傷つける。

私は、便利なメディアを通じて「ポジティブ心理学を積極的に広める」ことについては完全に支持する。しかし、そのような情報提供者たちには責任を持つようにと強く促したい。必要な資格条件の有無を問い、注意事項を提供すること。解明されていることを、解明されていないことから区別すること。このポジティブ心理学という、とても興味深い分野へと一般の人々を誘うこと。

何としてでも、ポジティブ心理学者は一般読者向けに本を書き続けるべきだ。問題は、本それ自体にあるのではなく、一部の本がどのように枠にはめられ売り出されるかにある。ポジティブ心理学の一般普及書は、ずっと続く幸せへの五つの簡単なステップについて力強く請け負うような内容を満載した「幸せマニュアル」として書かれるべきではないからだ。

アリストテレスによれば、「批判とは、何も言わず、何もやらず、何者でもなくなることで容易に回避できるもの」だ。ポジティブ心理学者は、科学への異なるアプローチとしてポジティブなアプローチを選んだ。批判は、それが正しいものであるときには耳を傾け、正しいものでなくても尊重されるべきだ。と言うのも、それこそが、人々が注意を払っている証拠だからだ。

★

ポジティブ心理学の一部の批評家が、私に対して個人攻撃を開始した。私は彼らについて達観しようとしている。私は自分のキャリアの大半を、誰も気にもかけないような論文や本を書くことに費やしてきた。それが今や、多くの場合よい方向で、しかしときに悪い方向で、人々が気にかけてくれるようになった。私が自分の人生をやり直したいかって？　とんでもない。

★★

「ポジティブ心理学」という用語を新たに創ったことを、マーティン・セリグマンの功績とするのか、それともアブラハム・マズローの功績とするのかはまっとうな議論だ[81]。二人とも同じ用語を使用しており、マズローはセリグマンよりもずっと早くに使用したものの、二人とも異なる意味で使っており、マズローはすぐにその用語の使用をやめてしまった。

47 なぜアメリカ陸軍がポジティブ心理学に興味を持ったのか――学問と実践

The Future of Positive Psychology: Science and Practice

未来とは、あなたが予知しようとするものではなく、自分で可能にするものだ。

――アントワーヌ・ド・サン＝テグジュペリ

ポジティブ心理学の分野で、次にくるのは何だろうか？　確実性とともにその未来を予測することなど、当然ながら私にはできない（そんなことができたら、ラスベガスやニューヨークのウォールストリートに引っ越して、店を開店することだろう）。しかし、ここに私の考えを少し述べておきたい。話半分に読んでいただければと思う。

一つ目は、ポジティブ心理学者は、分野のいわゆる「生息地」を拡大していくことだろう。それは、よい生き方が認められ、祝福され、奨励されるような場所となるだろう。生息地に関する我々の元々の考え方に反して、学校や企業など、当初提案されていた場所に加えて、心理クリニックを含める必要があるだろう。問題を抱える人々を支援する一つの方法は、彼らが得意なものに基づく解決策を見出してあげることだ。

そして、まさか軍隊がポジティブ心理学の生息地となろうとは誰も考えつかなかったが、現在では、特にアメリカ陸軍に、ポジティブ心理学に対するかなりの関心の高まりが見られる。この関心は、今後ますます大きくなると私は予測する[82]。

もう一つの生息地、より正確には、「ポジティブ心理学にとっての生息地であるコミュニティ」として、カフェ、居酒屋、レクリエーションセンター、さらには、私のブログのある読者が示唆してくれたように、インターネットのチャットルームなども含まれるかもしれないが、そのような場所が考えられる。

二つ目は、ポジティブ心理学は批判され続けることだろう。それは、ある程度までは、この分野が真剣に受けとめられているというよい兆しである。私自身は、批判が適切なものであれば、そこに注意が払われ、適切でなければ、丁重に反対意見が述べられることを願う（省察46を参照のこと）。

この方向性で、私は次のように願っている（必ずしも予測はしないが）。ポジティブ心理学者が、この分野に新たに出現しているいくつかの迷信、特にポジティブ心理学介入をめぐる迷信に対して、ぜひ異議申し立てをしてほしい。そのような迷信を生み出している介入について、私が見る限りでは、本当はそんなに手際よく扱われるものでも、誰にでも確実に効果があるものでもない。変化は、たとえそれがよりよい方向に向けた変化だとしても、いつも困難なものだ。ポジティブ心理学者は、すべての人に当てはまる介入が、最終かつ最高の応用実践への貢献だ、などと考えるべきではない。この点については、間もなく文化について述べるところでもう一度振り返ってみたい。

三つ目は、ポジティブ心理学自体が取る方向に従う、ということだ。それは、内向きには神経科学へ、外向きには文化へと向かう方向性だ。

よい生き方に関する神経生物学的な根拠とは何だろうか？　より一般的には、身体の役割とは何だろうか？　今日までのポジティブ心理学の取り組みのほとんどは「首から上」の部分に関するものだった。しかし、ダンスや、音楽や、スポーツや、セックスは、たしかに生きるに値する人生に彩りを添えるものだ。我々は、ポジティブ心理学の観点から、これらのテーマについてもっとよく知る必要がある。

マーティン・セリグマンならびに私を含めた研究者たちは、「**ポジティブヘルス**」と称される研究対象に取り組み始めたところだ。[83]これは、ポジティブ心理学が、心理学的ウェルビーイングの領域で生産的に研究してきたことを、身体的ウェルビーイングの領域でも試してみよう、という試みだ。「よい」情緒的健康が、苦痛や不幸がない状態以上のものを伴うのであれば、同様にして、「よい」身体的健康は、症状や疾患がない状態以上のものを伴うのだろうか？私は、自分が「スーパーヘルス」と呼ぶものに対してもっと大きな関心が集まるのではないかと予測する。これは、活力や充実感をもって長く生きるだけでなく、よく生きること、そして、病気になってもすぐに回復する状態のことだ。

文化は人間性のうわべだけを飾るものではない。文化は人間性そのものであって、諸々の文化は重要な点で異なっているのだ。ポジティブ心理学の研究、特に応用分野における研究が世界中に広がるにつれて、この発展をたんにアメリカからの輸出ビジネスと見なすことはできなくなった。個人主義的な文化では「効果のある」介入であっても、集合主義的な文化においてはその通りに当てはまるかどうかは分からない。実際、今日までのポジティブ心理学介入は、心理療法やエグゼクティブコーチングのモデルにしたがって、通常一対一のスタイルで行われる。「集団」単位での介入が行われる場合、その論拠の多くはたんなる効率性を謳ったものにすぎない。しかし、人間は皆、集団で生き、愛し、働き、遊ぶ。だとすれば、よい生き方を構築するための我々の試みにおいて、なぜ集団についてはっきりと重点的に取り組まないのだろうか？　私は、このような試みが生まれると予測している。[84]

ところで、「個人主義的」対「集団主義的」という区別がどれほど重要であっても、それが注目に値する唯一の文化的相違というわけではない。[85] 諸々の文化は、男性と女性とでの行動規範の異なり方や、未来への方向性の違い、不確実性に対する許容差などの点で、文化にどれくらいの階層差があるのかによって異なる。私は、ポジティブ心理学が発展するにつれて、こうした類の区別が価値あるものとして認められると予測している。

ポジティブ心理学者はまた、ルース・ベネディクトによる、「アポロン的文化」と「ディオニュソス的文化」という由緒ある区別について覚えておくべきであろう。[86] 両文化では、「節度と節制」対「感情と活力」としてそれぞれ協調される。自称ポジティブ心理学実践家たちの多くはディオニュソス的であるようだ。彼らがディオニュソス的な現場で働いていることを考えれば、それはもちろん結構なことだ。しかし、ある時点で、彼らはアポロン的な集団や文化に遭遇する。彼らは、変化に応じて、介入やアプローチのスタイルを調整すべきなのだ。

第6章
よい生き方を求めて
Pursuing the Good Life

第1章からここまで、章をおおよそ順序立てて読んでいただけたのであれば、心理学的なよい生き方を実現することに加えて、よい生き方を探求することに価値があるという印象を抱いていただけたのではないだろうか。

では、よい生き方の探求は可能なのだろうか？

答えは「イエス」だ。ここから始まる本書最後の章では、価値ある人生をつかみ取る方法、そして、人生を価値あるものにし続けていくための方法について、エビデンスとともに実践に役立つさまざまなヒントがちりばめられている。

48 一日一日は長くとも、人生はあっという間に終わってしまう

Days Are Long - Life Is Short

私は毎日、楽器の弦の張り替えばかりして過ごしているが、肝心の歌はいまだに歌うことができていない。

——ラビンドラナート・タゴール

よい生き方を題材として省察を書いている人物（たとえばこの私）が、何もかも申し分のない順風満帆な人生を送っているとは思わないでいただきたい。

私は、人並みに、あるいはもしかすると人並み以上に、日々の生活の中で、ひどく些細なことや、ちょっとした厄介事にはまり込んで、時間を浪費してしまうことがよくある。受信箱の中で日々増え続けていくメールの本数に思い悩むこともあるし、他人、それも特に私自身があまり好きではない人たちに嫌われてやしないかと気を揉むこともある。

ときには、学術論文の体裁を整えるというたわいのない仕事をするのに、研究そのものや、論文執筆にかけるのと同じくらいの時間をかけてダラダラと無駄な時間を過ごしてしまうこともある。取るに足りない細々としたことで一日が終わってしまうことなどしょっちゅうだ。自

分でも分かっているのだが、そんな自分を変えるのは容易なことではない。

心理学の研究者たちの間でよく交わされる内輪ネタにこんなものがある。

「心理学者が研究テーマを決めるとき、たんに自分が理解できないものを選んでいるにすぎない」

これが事実であると一目で分かるケースもある。たとえば、近視の心理学者は、視力の正常な心理学者に比べて、視力を研究テーマとする傾向が強い。他にも、不健康な心理学者であれば身体的健康をテーマにする傾向があるし、結婚していない心理学者であれば結婚をテーマにする場合が多いようだ。

この流れでいくと、つまり、ポジティブ心理学者たちはあまりポジティブでない、ということになるのだろうか？　答えは「イエス」のときもあるし、「ノー」のときもある。しかし、ポジティブ心理学の主要研究者たちについて私が言えるのは、彼らが、口先だけではなく、言ったことをきちんと実行している人たちだ、ということだ。彼らは、幸せであろうがなかろうが、私の友人や同僚である。彼らのプライバシーを侵害する気はない。私自身については、まだまだ改善の余地があることをここで暴露したばかりだ。それだけでおそらく十分だろう。

当然だが、噂話をするのがこの省察の目的ではない。この省察は、よい生き方の妨げとなる「敵」について議論することを目的としている。その敵というのは、私個人にとっての魔物であり、他の人たちをも苦しめているものかもしれない。そう、つまり、日々の生活の中にはびころ、不愉快な細々とした厄介事や要求のことだ。

人というのは、ときに、「今この瞬間」を生きたいという衝動に駆られる。「今この瞬間を生きよ」というアドバイスは、「瞬間」に伴うものが何であるかを理解して、このアドバイスが有効かどうかを検証する必要がある。アルバート・エリスの言葉を借りれば、私たちが生きる今のこの瞬間が、「何かをすべきだという義務感」で覆われているのなら、おそらくその瞬間の中で生きるべきではないだろう。

毎日の生活の中でやるべきことがあるのは当然であって、私は何も自分がやりたくないことを無視すべきだと言っているのではない。私がただ、少なくとも自分自身に言いたいのは、「大局的に見ることも忘れないようにしよう」ということだ。やる価値を見出せないことというのは、強迫的にやる価値もないことなのだ。古代の仏教の格言に、私の言いたいことをズバリ深遠に言い表している言葉があったはずだが、ここでは二一世紀のぶっきらぼうなアメリカ言葉で、歯に衣を着せずに書いておこう。

「些細なことに気を揉む必要はない。些細なことのほとんどは、どのみち些細なことなのだから」

一日一日は長いようでも、人生はあっという間に終わってしまう。ぜひ、よい生き方をしてもらいたい。

49 笑顔の作り方

How to Smile

誰かに微笑みかけること、それは愛の表現であり、
その人への素晴らしい贈り物となるのです。
——マザー・テレサ

この世界には面白いことがたくさんある。そして、今はインターネットのお陰で、世界がどれほど面白いのかを常に知ることができる。昨日、友人がインターネット上で面白い話を見つけて、私に教えてくれた。これはきっと作り話ではないと思うのだが、日本の鉄道会社がハイテクのスキャナー技術を用いて、社員の笑顔の質をチェックしているという話だった(87)。

笑顔というのは、作る側にとっても、また見る側にとっても、ともに気持ちのよいものだ。当然、従業員が笑顔でいる方が、客にとっては心地よく過ごせるはずだ。不機嫌な従業員と接するという不運に見舞われた経験は誰もが持っているだろう。そういう従業員は、まるで私たちを不幸の道連れにしようとするかのようだ。ランチで寄った店の店員だろうと、郵便切手を売る郵便局員だろうと、新しい免許証を発行する事務員だろうと、彼らのサービスに対して支

払おうとする私たちのことなどお構いなしだ。私たちが接するそうした人たちに、より感じのよい雰囲気を身につけさせる試みとは実に素晴らしいではないか。

インターネットの記事によれば、京浜急行電鉄株式会社で働く五〇〇人の社員は、毎朝パソコンに取りつけられたカメラに向かって笑顔を作るという。そして、スキャンされた表情が分析され、口角の形状や顔全体のシワの状態などの特徴が検出される。そして社員は、自分の笑顔の質に対して、〇～一〇〇パーセントの数値で全体的な評価が与えられる。笑顔の質が基準値を下回ると、「もっと口角を上げるように」などと、パソコンからフィードバックが返ってくる。そして、社員は、自分の理想的な笑顔の写真をパソコンからプリントアウトし、その笑顔を参考にできるように一日中持ち歩くのだそうだ。

記事にそれ以上の詳細は書かれていなかったのだが、いろいろと探しているうちに、オムロンという日本の会社が、「スマイルスキャン」と呼ばれる機器を、日本のサービス業界に向けて数百台販売したことを知った。スマイルスキャンの価格は七三〇〇ドルだそうだ。[88] これはおそらく、京浜急行電鉄で導入されたのと同じものではないだろうか。

スマイルスキャンは、人の顔をスキャンし、三次元のモデルを作り出す。そしてそのモデルについて、肝心な部分の特徴が分析され、人の笑顔の度合いが判定されるのだ。

さらに、このオムロンの機器では、同時に二人の顔をスキャンすることもできるそうだ。「対戦モード」というのを使って、アルゴリズムにしたがって、どちらの笑顔がより質の高い笑顔であるかを競うことができるというのだ！

スマイルスキャンに対する世間の反応の中には、営業スマイルを助長するといった批判的な意見もあるようだ。私自身、笑顔の強要に対しては、批判的なコメントを書いたこともある。しかし、このスマイルスキャンを使った戦略を「まがい物」扱いするのは、いささか辛辣すぎるのではないだろうか。

アメリカのアルコール中毒者更生会が生んだ有名な格言にこのようなものがある。

「できるようになるまでは、できるふりをすればいい」

これは、自分が望む理想の姿を演じれば、たとえはじめのうちはぎこちなく、わざとらしかったとしても、次第に自分が演じる通りの自分に変わっていく、という意味だ。コンピュータからのフィードバックを参考にして、笑顔の作り方を学んだとしても、当然のことながら、いつかは本物の笑顔を習得できるはずだ。

とは言うものの、私が読んだ限りでは、このスマイルスキャンの導入によって本当に質の高い笑顔を増やすことができたかについては触れられていなかった。また、従業員のサービスや売上げ、そして顧客満足度に対する長期的な効果というものも、今のところ分かっていないようだ。

私はポジティブ心理学者として、ほとんどの人が幸せになることを望み、同時に他者をも幸せにすることを望んでいると信じている。しかし、この世界というのは、思っている以上に幸福ではない。私たちの多くが、どうしたら自分自身と他者の幸福を高められるのか、その方法を知らないからだ。自分の笑顔の質に対するフィードバックというのは、その第一歩なのだ。さすがに、笑顔の質を決めるパラメータが笑顔の度合いだけであるとは思っていない。しかし、いずれにせよ、よいものにしろ悪いものにしろ、いかなる習慣を変化させるにも、まずは習慣に関わる自分のやり方を評価する必要がある。そしてもちろん、継続したフィードバックが重要となる。

この省察のテーマは、厳密に言えば「笑顔」ではないが、この省察を読んで、読者の皆さんが少しでも笑顔になってくれたらよいと願う。この省察を通して伝えたいことは、**他の人たちに対してもっとポジティブになるための方法を示すには、具体的なアドバイスが重要であり、その際にはフィードバックも重要である**、ということだ。スマイルスキャンに世界の総幸福度を増やすことができるとは思えないが、この戦略の大まかな前提となっている考え方は有望なものだ。

50 よい話し方とは何か？

How to Talk

聞き手が聞き終える前に話し終えてしまうように心がけなさい。

――ドロシー・サーノフ

私は生活のために話をし、それによってよく生きることができている。

しかし、ときおり、自分の講義の録音を聴く機会があると、私は自分の話す声や話し方に耐えられなくなる。話の途中での間や言いよどみがあまりにも多く、自分の言った言葉を訂正したり、話が脇道にそれることも多すぎる。さらにひどいのは、私の話すときの口調がいつもひどく素っ気ないことだ。澄まし顔で冗談を言う分には問題ないかもしれないが、それ以外で役に立つことはない。少なくとも私は、私の話し方にこういった印象を持っている。

私は話をするのはとても好きだが、できれば自分の声は聴きたくない。私の声は、どうも、歯切れの悪いベン・スタインのようなのだ。ああ、まったく、嫌になる……。多くの皆さんも、録音された自分の声を聴いて私と同じような気分になった経験をお持ちだろう。自分の思っている声とあまりにも違っていて、何度も留守電のメッセージを録り直したことがある人もいるかもしれない。

さて、そんな私は、ミシガン大学のウェブサイトに掲載されていた、話し方に関するある研究に目を留めた。話し方におけるパラメータと説得力の関係性についての研究だ[89]。この研究は、世界でもトップレベルの調査研究機関の一つである、ミシガン大学の社会調査研究所（ＩＳＲ）

のメンバーたちによって行われたものだ。ISRの社会科学者たちは、何年にもわたり、電話による聞き取り調査で人々の意見や考え方を調査しているのだが、その結果は頻繁にメディアに取り上げられている。

そして、ISRの研究者たちは、そうした調査に関する社会心理学的研究も行っている。回答者から、本音に限りなく近い、誠実な回答を得るためにどうしたらよいのか、また、もっと基本的なことだが、電話調査の最初の段階で相手に調査に応じてもらい、そのままつなぎとめておくためにはどうしたらよいのか、そうしたことを知るのも重要なのだ。

この研究からは、説得力を決める「客観的な」指標が得られている。ところで、電話での聞き取り調査をする調査員は、聞き取り調査の際に台本をそのまま読んでいる（言い換えれば、調査時に使う文句は基本的にいつもまったく同じである）。この事実は、説得力を考える上では、話の中身というよりも、話し手の話し方に対して聞き手が抱く印象そのものに着目する必要があることを意味している。

話し方を専門に研究するホセ・ベンキの率いる研究チームは、ISRのメンバーの男女一〇〇人に電話調査のインタビュアーになってもらい、電話調査を実施し、合計で一三八〇件の電話がかけられた。電話調査を依頼している最中、インタビュアーの話す速度、声のトーン、流暢さが測定された。それから、これら各々の得点と、電話の相手が実際に電話調査を承諾したかどうかの事実とが関連づけられた。

結果は面白いもので、私はこの結果からいろいろと学ぶことができた。いくつかは予想していた通りだったが、予想に反する意外な結果もあった。

まず、話す速度がとても速かったインタビュアーは、あまりうまくいかなかった。これは、速く話す人が、口のうまい詐欺師か何かだとの印象を持たれたせいではないかと私は思う。また、話す速度がとても遅かったインタビュアーも、多くが失敗に終わった。話す速度があまりにゆっくりだと、バカか気取り屋だと思われたのかもしれない。つまり、自分の話に説得力を持たせたいのであれば、話す速度としては、早すぎず遅すぎず、中道を行くのがよい、ということだ。

また、男性の場合は、声のトーンが低い人の方が、高い人に比べてより説得力が増すことも分かった。おそらく、声の低さは、年齢が上であることや、成熟した大人であることを相手に示す働きをするのだろう。ただし、女性の場合には、初回の電話では声のトーンによる違いは出なかった。興味深いことには、一般的には声に抑揚があった方がいきいきと聞こえると思われているが、電話調査の依頼における説得力に関して言えば、声の抑揚はほとんど影響しなかったのだ。これは、男女ともに同じ結果であった。どうやら私の素っ気ない口調も、低い声で話している限りは問題なさそうだ。

では、流暢さについてはどうだろうか？　流暢さの測定には、話している最中に「間」を取った回数が指標として使われた。さて、その結果はと言うと、それは……そう……私にとっては嬉しい結果であった。間を取ることは、完全な沈黙でも、あるいは何か間を取るための表現を使う場合でも、間を一切取らないのと比べて説得力が増すことが分かったのだ。これはおそらく、人が普通に（すなわち自然発生的に）話をするときには、一分間につき四〜五回程度の間を取るのが一般的であるため、間を一切取らないで話す言葉は、どこか作為的な印象を与えてしまうのだろう。どうやら世間は流暢さを過大評価していたようだ。これは私にも初耳であった。

この研究を読みながら、私は、最近うっとうしいほど定期的にかかってくる電話のことを考えていた。その電話は、数ヶ月前、「投資」に対する私の考え方やスタンスについての簡単な電話調査に、ただ素直に回答したことをきっかけにかかってくるようになった。どうやら、私の電話番号や、その電話調査のときに伝えた個人情報が、複数の投資会社に売られ、オペレーターたちから昼夜問わず電話がかかってくるようになった、というわけだ。

私が電話越しの見知らぬ相手に数千ドルのお金を注ぎ込むことはまずないだろうとは思うが、今まで私のところに電話をかけてきた連中には絶対にそんなことをする気はない。彼らの話す速度は速すぎるのだ。それに、わざとらしいほどひどく抑揚をつけて話し、こちらに笑わす気がなくてもいつでも笑う準備を整えている。あまりにも口が達者で、あまりにも完璧で、台本通りであることがありありと伝わってくるのだ。

そして、彼らには、「ノー」という返事を受け入れる気がさらさらない。私は先週、人生で初めて、相手が話している最中に受話器を置いた。電話を一方的に切ったことなど自分の今までの人生を振り返ってみて一度もない。むしろ数年間、ほとんど電話だけで過ごしていたこともある人間だ。

少し前の省察で、より多くの喜びをもたらす習慣（笑顔など）を身につけるためにはフィードバックが重要だと書いた（省察49を参照のこと）。同じことが、説得力のある話し方を身につけることにも適用できる。ただし、話し方の場合、おそらくフィードバック自体だけでは不十分だ。つまり、フィードバックの他に、フィードバックを意味づけるための方法が必要なのだが、ここで私が紹介した研究成果が活きてくるわけだ。つまり、「**早口すぎず、ゆっくりすぎず、大人らしい印象を与える声のトーンで、自然な間を取って話す**」ことが大切だ。このガイドラインを心に留めて録音した自分の話し声を聴いてみるのもよいし、友人に頼んで自分の話し方がどのように聴こえるか教えてもらうのもよいだろう。

もちろん、説得力は話し方だけで決まるものではない。しかし、ここで紹介した研究結果は、誰かを説得して何かをしてもらおうとするときのどんな会話にも適用できるものだ。

また、説得しようとしていようがいまいが、誰かと話をするときには、相手に自分の話に耳を傾けてもらいたいと思うはずだ。だが、相手の注意を引きつけられるかどうかは、こちらの話し方にも責任があると言えるのではないだろうか。

51 銀行強盗は「よい銀行」をどう選ぶのか？

Finding the Right Bank to Rob

これは一つの都市伝説だが、一九二〇年代に悪名をとどろかせた銀行強盗、ウィリー・サットンは、「なぜ銀行を襲うのか？」と問われ、こう答えたという。

「そこに金があるからさ」

世界的な金融危機に見舞われた今日では、これはもはやよい答えとは言えないだろう。しかし、この省察のタイトル中の「銀行」は、文字通りの銀行を表しているのではない。多くの人がこの省察に目を留め、比喩的な意味での「銀行」とよい生き方についての私の見解に目を通してくれることを期待して、あえてこのようなタイトルにしたのだ。

ここで、ぜひお勧めしたい良書で、大変興味深いものをご紹介しよう。

KIPP《キップ》スクールを立ち上げた二人の若い教師、デビッド・レビンとマイク・ファインバーグの、KIPP《キップ》設立をめぐる実際の物語を描いた『情熱教室のふたり——学力格差とたたかう学校「KIPP《キップ》」の物語』（*Work Hard. Be Nice.* 北川知子訳、ダイヤモンド社[90]）、世界を感染病から救うために奮闘する医師、ポール・ファーマーの物語『国境を越えた医師——Mountains Beyond Mountains』（*Mountains Beyond Mountains*、竹迫仁子訳、小学館プロダクション[91]）、そして、アフガニスタンとパキスタンに女子学校を作ることでテロに平和的に「戦い」を挑む登山家、グレッグ・モーテンソンの物語を綴った『スリー・カップス・オブ・ティー——1杯目はよそ者、2杯目はお客、3杯目は家族』（*Three Cups of Tea* 藤村奈緒美訳、サンクチュアリパブリッシング）[92]の三冊だ。

注目すべきこの非凡な人物たちの物語は、感動的ながらも感傷的すぎることなく、ポジティブ心理学との親和性の高い、多くの教訓を与えてくれる。その中でも私が特に強調したいのは、「自分にとって大きな魅力があり、**しかも**人生に意義と目的を与えてくれる何かを、自分の人生の中に見つけることの大切さ」である。多くの人にとって重要度の高い、比喩的な意味での「お金」は一体どこにあるのだろうか？　そして、それはどうやったら手に入れられるのだろうか？

ここで私はおこがましくも、あなた独自の世界で通用する「お金」をお教えしようなどと言うつもりは毛頭ない。しかし、少なくとも、読者の皆さんがこの重要な問題についてよく考えてみたことがあることを願う。自分にとって大切なものが何であるかが分かれば、これらの本の登場人物であるデビッド・レビン、マイク・ファインバーグ、ポール・ファーマー、そしてグレッグ・モーテンソンから、その大切なものを手に入れるための素晴らしいアドバイスを受け取ることができるはずだ。そして、人からのアドバイスや忠告を受け入れるのと同じくらい、たゆまぬ努力と粘り強さをもってやっていくことが大切だ。

また、「預金」を引き出すために必要となるスキルやリソースはすべて確保しておかなければならない。ウィリー・サットンは、銀行に強盗に入るときには必ず武器を備えていたそうだ。その理由は、「人間的魅力と人柄だけで銀行強盗はできないから」だそうだ。もう一度言っておくが、これはあくまで比喩としての教訓だ。

私自身は、ミシガン大学の中に自分の「銀行」を見つけた。大学教授という仕事は、私にとってとても魅力的で意義深い仕事だ。この仕事をやっていく方法を知るために、私はかつて、賢い同僚たちにアドバイスを求めたものだ。ちなみに、私のこの仕事はいつも愉快というわけではない。むしろ愉快なときの方が少ないくらいだが、それでよいと思っている。愉快な気分になりたいときには、研究室に常備しているチョコレートアイスクリームに手を伸ばせばいいだけだ。

最後に、ウィリー・サットンの言葉をもう一つ引用して、この省察を締め括ることにする。

「金のあるところに行け……そしてそこに何度も足を運ぶことだ」

◉注釈

二〇一一年四月一七日に放送された「60ミニッツ」〔アメリカCBSテレビのドキュメンタリー番組〕の中の話で、グレッグ・モーテンソンの物語の信憑性と、彼が設立した非営利団体における助成金の使われ方に対して疑問が投げかけられた。彼の不正の発覚は、著名な人物の欠陥が暴かれて、夢から現実に引き戻されるという、あまりにも聞き慣れた話の一例だった。私はこの問題の真相については何も知らないが、この省察のタイトルは、はからずもグレッグ・モーテンソンに対する皮肉となってしまったようだ。

私が比喩的に示したかった論点も、文字通りの意味での事例があったのでは、もはや比喩として成立しなくなってしまうではないか……（ため息）。

52 「生きがい」と死亡リスク

Ikigai and Mortality

「善良な人だけが早死にする」

これはビリー・ジョエルの歌のタイトルだ。彼の青年期の空想の世界では正しかったのかもしれないが、善人だけが早死にするというのは、日本の仙台にある東北大学大学院医学系研究科の曽根稔雅らが二〇〇八年に発表した研究結果とは相容れないようだ。この研究では、四万三〇〇〇人以上の日本人の成人について、七年にも及ぶ縦断的な調査が実施されたのだが、**自分の人生が生きるに値するものだと確信している人は、そうでない人に比べて死亡リスクが低くなる**ことが示された。

この研究で焦点が置かれているのは、日本の「**生きがい**」（ikigai）という概念だ。研究者らの解釈によれば、「生きがい」というのは、「自分の人生が生きるに値するものだと思うこと」だそうだ。日本では、どうやら「生きがい」という言葉はよく使われる一般用語らしく、英語圏では「主観的ウェルビーイング」（subjective well-being）と称されるのかもしれない。

「生きがい」という言葉には、生きていることへの喜びの響きを帯びた、人生の目的や意義が含まれているようだ。つまり、趣味は「生きがい」をもたらすだろうし、家族や仕事もそうだろう。英語以外の言語は微塵も分からない私が、この「イキガイ」という言葉を聞いたとき、ポジティブ心理学者たちが「健全な熱意」と呼ぶものから生まれる何かであるように感じた。(93)

この「生きがい」という概念は、アメリカのポジティブ心理学者たちに大切なことを思い出させてくれる。それは、我々がやっている科学は、完全な「輸出業」になってしまってはいけない、ということだ。「**何が人生を生きるに値するものにするのか**」……このテーマは、あらゆる文化の中で探求されるべきだ。そして、よい生き方というものを説明する語彙《ボキャブラリー》は、いかなる言語によっても独占されるべきものではない。

さて、いずれにせよ、この研究は一九九四年の終わり頃に、四〇歳から七九歳までの日本人数万人に対する調査によってスタートした。回答者への質問項目のうち、「生きがい」に関するものは、「あなたは自分の人生に生きがいを持っていますか？」というものだ。回答者は、「はい」、「何とも言えない」、「いいえ」のいずれかで答える。その後、回答者の大多数は、七年にわたって追跡調査された。七年の間に回答者の約七パーセントが死亡したのだが、死亡者の死亡証明書を調べて、個々人の死亡原因がコード化された。

分析にあたっては、年齢、性別、学歴、肥満度指数（BMI）、喫煙、飲酒、運動、就労、知覚されたストレス、病歴といった、一般によく知られている死亡のリスク要因が考慮された。また、身体的ウェルビーイングの予測因子とされる回答者の健康状態の自己評価（悪い、普通、よい）も制御された。[94]

一九九四年時点で「生きがいを感じている」と答えた回答者の割合は約六〇パーセントで、「生きがいを感じない」と答えた人たちと比べて既婚率、学歴、就労率が高く、ストレスのレベルが低く、自分の健康状態について「よい」と自己評価した割合が高かった。

そして、考えられる交絡因子を制御しても、「生きがい」は七年後の生存を予測する結果となった。別の言い方をすれば、自分の人生に意義を感じていると答えた人たちのうち、調査開始時から七年経った時点でまだ存命だったのが九五パーセントだったのに対して、自分の人生に意義を感じていないと答えた人たちでは存命率が八三パーセントだった、ということだ。そして、「生きがい」を欠くことは、特に心疾患（たいていは心臓発作）による死亡と強く関係していることが分かった。ただ、がんによる死亡との関連は見られなかった。この後者の結果は興味深い。少なくとも西欧諸国では、がんは長く「絶望からくる病」と考えられてきたからだ（ヒポクラテスを参考にするとよい）。

「生きがい」と死亡リスクの関連についての生物学的、心理学的、または社会的なメカニズムは今のところ未解明であるが、これらの結果は真剣に受けとめるに値するものだ。もちろん、「生きがい」が長寿を保証するわけではないし、「生きがい」がないからといって長く生きられないわけでもない。それでも、曽根らが出した結果は、ただ統計学的に有意であるだけではなく、実質的にも意義深いものだ[95]。

ポジティブ心理学が研究対象とする類の心理学的状態や特性が、身体的健康や長寿に深く関わっていることを示した論文は年々増えてきている[96]。我々研究者にとっての次の重大なステップは、こうした結果についてその理由とメカニズムを解明することだ。

人生における意義や目的というものは、純粋によいものであり、本来、それらを正当化するための理屈などまったく必要ないのだろう。それでも、この研究が示したような、意義深い人生を支持する論拠が必要となる場合もきっとあるのだ。

これを書いている時点で、ビリー・ジョエルは六〇歳前後になるはずだが、彼は元気でやっているだろうか。彼はかつて、自分のファンがあまりに行儀がよくなく、誇りに思えない、と語った。しかし、彼にしろ、彼のファンにしろ、とても大きな「生きがい」を持っていることを願う。若死にするのはそれを持っていない人だけなのだから。

53 「でも」禁止デー――会話にて積極的で建設的な反応をするために

A But-Free Day

心理学者のシェリー・ゲーブルとハリー・レイスらの研究によれば、カップルの幸福度や、安定した関係性を維持する上で、**相手のよい知らせに対する反応の仕方**が重要なのだという。[97]それも、悪い知らせよりも、よい知らせに対する反応の方が、カップルの関係性に大きな影響を及ぼすのだそうだ。これは重要な発見だ。と言うのも、カップルのカウンセリングでは、意見の衝突を解決するとか、うまくケンカをするとか、前向きに主張できるようにするとか、そういったことに焦点が置かれることがほとんどだからだ。

具体的には、「積極的・建設的反応」というのが双方に有益な反応だという。カップルの一方がよい知らせを携えて家に帰って来たときに、もう一方はその知らせを聞いてどんな反応をするのか？　積極的・建設的反応では、次の例のように、相手の話に熱心に耳を傾け、積極的な態度で相手の話に関心を示す。

「あのさ、俺、今日昇進が決まったんだ」

「え、やったじゃない！　さすがだわ！　ねぇ、どんなふうに話が進んだのか、よく教えてちょうだい。上司は何て言ってた？　もっと詳しく知りたいわ」

当然、これとは正反対の、消極的（かつ／または）破壊的反応というのもある。

「あら、よかったわね。ところで、夕飯は何がいい？」

「それってつまり、これからもっとあなたと会えなくなるってこと？」

「今さら？　ずいぶん時間がかかったわね」

「昇進なんて、何もしてなくても自動的にできるものだと思っていたわ」

「あら、お気の毒に。あなたは変化に弱いから、これからが大変ね」

恋愛関係にある人たちは、できるだけ多くの積極的・建設的反応をすることが推奨される。と言えば簡単そうに聞こえるものの、いざやってみるとなかなかうまくいかないものだ。なぜそう断言できるかと言えば、私は長いこと、自分の学生たちに積極的・建設的反応を一週間、恋人に限らず、普通に接する人に対してもを試してみるよう指導しているからだ。

ここで一言断っておくが、実践にあたっては良識というものをなくしてはいけない。たとえば、あなたの妻が、あなたと離婚して、ビーチサイドで出会ったばかりのイケメンと駆け落ちすることに決めたので本当に嬉しい、などと言ってきたときにまで積極的・建設的反応をすべきだ、ということでは無論ない。だが、いずれにせよ、私の学生たちの感想によれば、積極的・建設的反応をするのはそう簡単ではないようだ。

積極的・建設的反応を阻む要因の一つは、誠実さからくるものであろう。自分の愛する人が、期待を高く掲げた後でガッカリすることになったり、天狗になったり、何か厄介な問題に巻き込まれたりすることのないように願うものだ。たとえば以前、私がメキシコシティーで講演をすることになったと友人に伝えたとき、その友人の口から、誘拐や病気、天候、交通事情、言葉の問題「*no hablo español*」（スペイン語で、「私はスペイン語が話せない」の意）……など、いろいろな忠告を聞かされた。いずれももっともな心配だとは思うのだが、まずは積極的・建設的反応をもらった後でちょっとしてから聞きたかったものだ。

さて、難易度の高い積極的・建設的反応だが、少なくとも自分のレパートリーの中にこの種の反応スタイルを持ち合わせていない人たちが実践しやすいよう、私はもっとシンプルなやり方を考案してみた。いわば「積極的・建設的反応ライト版」だ。**誰かがよい知らせを報告してきたときには、「でも」という言葉を使わずに反応する**、というものだ。これを一般化したバージョンは、「でも」以外にも、「でも」の近縁の「ただ」、「ところが」、「そうは言っても」、「だって」、「その代わり」といった言葉を一日中使わない、というものだ。私はこれを「でも禁止デー」（but《バット》（でも）-free day《フリーデー》）と呼んでいる。まるでエクササイズのビデオのタイトルのようだ（「fat《ファット》（脂肪）-free day《フリーデー》」とかけている）が、目的はあくまで、ヒップ（butt）の筋肉を強化するのではなく、大切な人との関係を強化することだ。

では読者の皆さん、よりよい生き方を、今よりももっと楽しむようにしよう。……と書いたら、懐疑心の強い人はすでに「でも……」と言いかけているのではなかろうか……。

54 引き算思考による感謝祭

Giving Thanks by Mental Subtraction

私たちは、最も感謝すべきことに限って、当たり前のことと思いがちだ。

——シンシア・オジック

感謝祭が近づいてくると、多くの人たちの思考は「自分がいかに恵まれているか」という方向へと向く。恵まれている事柄を数えるのも、ウェルビーイング増強のための実証された方法の一つなのだが、ある研究では、この方法の改良版でさらに高い効果が得られ、とても有効であることが示されている。[98]

ここで重要なのは、自分の人生における喜ばしい事柄について、「それがある」という観点で見るのか（「私には素晴らしい仕事がある」）、「それがない」という観点で見るのか（「この素晴らしい仕事がなかったらどうだっただろう」）だ。

後者は「**引き算思考**」と呼ばれる考え方の手法だが、研究によれば、よい出来事がない状況を想像する手法は、たんによい出来事がある状況を考えるだけという単純な手法に比べて、より大きなポジティブ感情を生み出すらしいのだ。

ではなぜ引き算思考が有益なのだろうか？　研究者たちは、**生活の中でよい事柄に順応し、それを当然のことと考えてしまう人間の傾向性に対して、引き算思考が機能する**と言っている。この解釈を裏づける、さらなる結果も出ている。研究では、引き算思考をした参加者たちの方が、たんによい出来事について考えただけの参加者たちに比べて、よい出来事を「驚くべきこと」と評価したのだ。「自分の仕事も、伴侶も、健康も、私の身に起こった素晴らしいことはすべて、起こるべくして起こったわけではないのだ！」

そして、おそらく、恵まれている事柄を数えることで得られる心理的効果はあまり長続きしないものの、引き算思考による不思議な効力はさまざまな方法で持続させることができる。**ポジティブ心理学によるテクニックは、この引き算思考を一般化する形で提唱されている。**それは、「一日一回、ありがたく思う三つの事柄を紙に書き出す」というエクササイズだ。

ここで注意を向けるべきは、普段は当たり前のこととして見過ごしてしまっている事柄だ。たとえばそれは、きれいな水やエアコンなど、「喜ばしいもの」というよりも「快適なもの」と見なされているような事柄だ。快適なことというのは、たいてい失って初めてそのありがたさに気づくものだからだ。そして、そうしたよい事柄が生活の中から消えてしまうのを想像してみる。「どうしてこのよい出来事は起こったのか？」「これがなくなったら、私の生活はどんなものになるだろうか？」

すべてのポジティブ心理学的テクニックに一貫して言えることだが、**ウェルビーイングに対**

する引き算思考の効果は、定期的に実践し、自分のレパートリーの一つにしてしまわない限りは持続しない。ここで、引き算思考がもたらす恩恵にまで人が「順応」してしまうものかどうかは、それをたしかめるための関連研究がなされていないため、現時点では不明だ。それでもおそらく、引き算思考が対象とするよい事柄に変化をつけることは有効な方法だろう。

さあ、今年からでも、引き算思考で感謝祭を祝ってみてはいかがだろうか?

55 何が私たちの人生を生きるに値するものにするのか?——目的と手段

The Good Life: Ends and Means

何が私たちの人生を生きるに値するものにするのだろうか?

私を含め、ミシガンのアナーバー市に住む住民たちが、この問いに対する答えの短いリストを作るとすれば、「ジンジャーマンズ・デリカテッセン」がほぼ毎回最終候補に残る。ジンジャーマンズ・デリカテッセンは、「食べ物でみんなを幸せに、サービスでみんなを笑顔にします」というモットーを掲げるサンドイッチ屋で、あえて地元に密着したビジネスを展開している。

ジンジャーマンズの食べ物は安いとは言えないが、食べに行くことができるときもできないときも、アナーバーにゆかりのある人は皆、ジンジャーマンズの食べ物とサービスを味わい楽しむだけでなく、ジンジャーマンズの素晴らしさをハッピーな気分で分かち合うのだ。この店の何が素晴らしいかと言えば、全従業員に健康保険を提供し、有給休暇を与え、利益を皆に配当し、中心街から離れた農家の直売所を支援するといった、アナーバーのためになる活動を数多く行っていることだ。〔全従業員に健康保険を提供するという同様の経営方針で、アメリカ市民に広く支持されている店にスターバックスコーヒーがある。〕

先に、「ジンジャーマンズはあえて地元に密着している」と書いたが、これはつまり、店のブランドをフランチャイズ化して、全国規模、いや世界規模の店にしないかというオファーがあったものの、その話を受けなかった、ということだ。今やつぶれてしまったボーダーズ・ブックス（実はアナーバーで創業された会社だった）がかつてしたような決断を、ジンジャーマンズはしてこなかった。ジンジャーマンズの経営陣は、巨大な店にすることよりも、偉大な店にすることを選んだのだった。(99)

以来、ジンジャーマンズは、アナーバーに密着した多種多様なビジネスを展開しながら地元で発展していった。たとえば、「アメリカン」フードを主に扱った着席型式のレストラン、喫茶店、パンとお菓子の専門店、乳製品の専門店、そして最近ではキャンディー工場も立ち上げている。さらにジンジャーマンズは、ビジネスを成功に導く方法を教えるワークショップを開催するトレーニング・プログラムも立ち上げている。

実は私自身、数ヶ月前にこのワークショップに参加してきた一人だ。ワークショップには、ポジティブ心理学者としての顔を全面に出して参加してきた。「ポジティブな制度」についてあまり多くの知見が得られていないことを認めているポジティブ心理学者たち（少なくとも私の身近にいる研究者たちはまだあまりよく理解していない）が、情報源へと足を運んで何かを学んでこない手はないだろうと考えたのだ。何かをうまくやる方法を知りたいとき、その分野で成功している卓越した人物か、場合によっては卓越した施設の事例を学ぶことは価値あることだ。

そして実際、私はそのワークショップで実に多くを学ぶことができた。その中に一つ、私の頭からかたくなに離れようとしない、ある教訓がある。それは「**目的と手段とを区別する**」ということだ。この教訓は、明言されれば分かりきったことではあるのだが、詳しい説明を聴くまでは私の中ではそれほど分かっていなかった。

ジンジャーマンズの定義では、目的は「自分のヴィジョン」であり、目的のための手段を熟考し、創造し、成立させるよりも前の段階で、ヴィジョンが設定されなければならないらしい。そして、ヴィジョンは、明瞭かつ具体的でなければならない。さらには、ヴィジョンを現実のものにするためのアクションプランは、地に足のついた現実的なものでなくてはならず、現実世界についてよく知る人たちによって吟味される必要があるという。

ここで、目的と手段とを区別することが重要であることは明確だ。このことについて、理屈だけを理解したいというのであれば、何もワークショップに参加する必要も、この省察を読む必要もない。しかし、悪魔は常に細部に宿るものだ。ここで重要となる「細部」とは、目的について考えることと、手段について考えることとを分離させるところにある。

私たちの多くは、目標を設定して、その目標を達成するための方法を考え出すとき、目的と手段とがごちゃ混ぜになってしまう。しかも、どの大学に行くかとか、誰と結婚するかとか、どんなキャリアを目指すかとか、そういった人生における大きな目標を設定するときだけでなく、今日はどんな見苦しくない格好で出かけるかとか、週末をどうやって楽しく過ごすかとか、あるいは卑近な例では、「サイコロジー・トゥデイ」の私の記事を、読者から多くのアクセスを得つつも辛辣なコメントが舞い込まないようなものにするにはどうしたらいいかなどという小さな目標について考えるときでも、目的と手段は混ざってしまいがちなのだ。

私は心理学の研究者として、極めて重要な問いへの答えを導き出すとか、心理学的なよい生き方を促進する方法を提案するといったような、意義深く面白い研究をすることを目標としている。漠然としているのは分かっているが、これは私の幸福感を大きく高めてくれるヴィジョンだ。しかし、いざこのヴィジョンを具体化していこうとすると、目標達成のための手段に対する不安から立ち止まってしまうことがしょっちゅうだ。私の頭に実用主義的な考え方が侵入し、邪魔をする。研究参加者はどこで集めるか？　どうやって研究に参加してもらうか？　これを全部こなす時間がどこにあるのか？　最後の不安は、いつも知らないうちに忍び込んでくる最たるものだ。

もちろん、こうした懸念はいつか解消されなければならない。しかし、研究の具体的なヴィジョンを構築している最中にこうした懸念事項をどうにかしようとすると、それはマイナスとなってしまう。結果的に、研究計画は必然的に妥協せざるを得なくなり、研究そのものも、そして仕事の長期的な満足度も、同時に妥協させられることになるのだ。

私は以前よく、自分の持つ特徴的な能力の一つとして、「何か物事をやり終えるのに、どれくらいの時間がかかるかを正確に予測できる」と誇らし気に吹聴していた。講義の準備や、自分の着るものの洗濯から、東海岸へのドライブまで、どんなこともかなり正確に所要時間を予測できる。実はほとんどの人が、ほとんどの場合、何かをするのにかかる所要時間を痛ましいほど短く見積もる傾向にあることが研究によって示されている。何度も繰り返し行っていることですら、正確に見積もるのは難しいそうだ。つまり私は、とても役に立つスキルを持っていることになる。

しかし、ジンジャーマンズのワークショップに参加して、この能力はたんに手段のためのスキルであって、目的のためのスキルではなく、自分は今まで間違った使い方をしてきたということに気がついた。つまり、自分のヴィジョンについて考えるときにまでこのスキルを発揮してしまっていたのだった。

皮肉屋を説明した古い（そして皮肉たっぷりの）定義を知っているだろうか？「あらゆるものの値段は知っているが、その価値については何一つ知らない人間」である。これを私の人生に置き換えてみれば、「大半のあらゆることの所要時間は知っているが、実行するに値するものが何であるかを必ずしも知っているわけではない人間」なのだ。その原因は、たんに、自分のヴィジョンについて十分に考えてこなかったところにある。

読者の皆さんのほとんどは心理学の研究者ではないだろうが、皆さんにとって大切なことが何であれ、ぜひとも次のポイントを活かしていただきたい。第一に、自分のヴィジョンを描くこと。他に何も考えず、ヴィジョンそのものの持つ輝かしさを讃えながら。そして、それができて初めて、ヴィジョンを実現するために何ができるのかを考えるのだ。

この省察を書いている今、二〇一〇年の新年を迎えたばかりだ。多くの皆さんと同様、私も毎年一月一日には新年の抱負をもって年を始める。しかし、私の抱負は、目的と手段とがごちゃ混ぜになり、ひどいときにはたんなる手段のリストになってしまうこともある。

この省察を書きながら、ちょうど今、私の職場の掲示板に掲げられた二〇〇七年の抱負を見上げているところだ（この掲示板を、毎年定期的にきれいに整理するように決意した方がよさそうだが……）。その中の一つに、「本を書く」というのがある。私は書くことが好きで、文章を書くのに苦労することはほとんどない。以前にも本を何冊か書いた経験がある。そのため、これはいたって素晴らしい抱負のように思われる。

しかし、結局どうなったかと言えば……その年に本を書くことはなく、今日に至るまで書いていないという始末だ。さて、どうすればよかったのだろうか？　私の抱負は、目的のための手段であり、その目的というのがまったくもって詳細不明なものだったのだ。

次の新年に向けての私の抱負は、一年の最初の日にパッと思いついたことを書き留めて、それを「抱負」としてしまうのは**やめる**ことだ。「仕事と人生に対するヴィジョンを確立すること」を私の来年の抱負としよう。それには丸一年か、もしかしたらもっと長くかかるかもしれないが、それでいい。

さて、そうこうしているうちに、お昼の時間がきたようだ。これから友人と一緒にジンジャーマンズへ行き、素晴らしいランチを楽しんでくることにしよう。

参考文献

第1章

(1) Bryant, F. B., & Veroff, J. (2006). *The process of savoring: A new model of positive experience.* Mahwah, NJ: Lawrence Erlbaum.

(2) Bryant, F. B. (2003). Savoring Beliefs Inventory (SBI): A scale for measuring beliefs about savouring. *Journal of Mental Health, 12*, 175 - 196.

(3) Langston, C. A. (1994). Capitalizing on and coping with daily-life events: Expressive responses to positive events. *Journal of Personality and Social Psychology, 67*, 1112 - 1125.

(4) cf. Parrott, G. W. (1993). Beyond hedonism: Motives for inhibiting good moods and for maintaining bad moods. In D. M. Wegner & J. W. Pennebaker (Eds.), *Handbook of mental control* (pp. 278 - 305). Upper Saddle River, NJ: Prentice-Hall.

(5) Wood, J. V., Heimpel, S. A., & Michela, J. L. (2003). Savoring versus dampening: Self-esteem differences in regulating positive affect. *Journal of Personality and Social Psychology, 85*, 566 - 580.

(6) e.g., Seligman, M. E. P., Steen, T. A., Park, N., & Peterson, C. (2005). Positive psychology progress: Empirical validation of interventions. *American Psychologist, 60*, 410 - 421.

(7) Quoidbach, J., Dunn, E. W., Petrides, K. V., & Mikolajczak, M. (2010). Money giveth, money taketh away: The dual effect of wealth on happiness. *Psychological Science, 21*, 759 - 763.

(8) Plassman, H., O'Doherty, J., Shiv, B., & Rangel, A. (2008). Marketing actions can modulate neural representations of experienced pleasantness. *Proceedings of the National Academy of Science of the United States of America, 105*, 1050 - 1054.

（9） Dunn, E. W., Aknin, L., & Norton, M. I. (2008). Spending money on others promotes happiness. *Science, 319*, 1687 - 1688.

（10） Fredrickson, B. L. (2001). The role of positive emotions in positive psychology: The broaden-and-build theory of positive emotions. *American Psychologist, 56*, 218 - 226.

（11） Lyubomirsky, S., King, L. A., & Diener, E. (2005). The benefits of frequent positive affect: Does happiness lead to success? *Psychological Bulletin, 131*, 803 - 855.

（12） Schnall, S., Jaswal, V., & Rowe, C. (2008). A hidden cost of happiness in children. *Developmental Science, 11*, F25 - F30.

（13） Diener, E. (2008). Myths in the science of happiness, directions and for future research. In M. Eid & R. J. Larsen (Eds.), *The science of subjective well-being* (pp. 403 - 514). New York: Guilford.

（14） Diener, E. (2008). Myths in the science of happiness, directions and for future research. In M. Eid & R. J. Larsen (Eds.), *The science of subjective well-being* (p. 499). New York: Guilford.

（15） Harker, L. A., & Keltner, D. (2001). Expressions of positive emotion in women's college yearbook pictures and their relationship to personality and life outcomes across adulthood. *Journal of Personality and Social Psychology, 80*, 112 - 124.

（16） Abel, E. L., & Kruger, M. L. (2010). Smile intensity in photographs predicts longevity. *Psychological Science, 21*, 542 - 544.

（17） Gladwell, M. (2008). *Outliers: The story of success.* New York: Little, Brown. ［マルコム・グラッドウェル著、勝間和代訳、『天才！　成功する人々の法則』（講談社、二〇〇九）］

（18） Kahneman, D. (1999). Objective happiness. In D. Kahneman, E. Diener, & N. Schwarz (Eds.), *Well-being: The foundations of hedonic psychology* (pp. 3 - 25). New York: Russell Sage.

第2章

（19） Bacon, S. F. (2005). Positive psychology's two cultures. *Review of General Psychology, 9*, 181 - 192.

(20) Voltaire, F. (1759). *Candide, ou l'optimisme.* Geneva: Cramer. [ヴォルテール著、斉藤悦則訳、『カンディード』(光文社、二〇一五)]

(21) Peterson, C. (2000). The future of optimism. *American Psychologist, 55*, 44 - 55.

(22) Ehrenreich, B. (2009). Bright-sided: *How the relentless promotion of positive thinking has undermined America.* New York: Metropolitan Books. [バーバラ・エーレンライク著、中島由華訳、『ポジティブ病の国、アメリカ』(河出書房新社、二〇一〇)]

(23) Tocqueville, A. de. (2003). *Democracy in America.* London: Penguin Classics. (Originally published 1835) [アレクシ・ド・トクヴィル著、松本礼二訳『アメリカのデモクラシー』〈第1巻上・下〉・〈第2巻上・下〉(岩波書店、二〇一五)]

(24) e.g., Park, N., Peterson, C., & Seligman, M. E. P. (2004). Strengths of character and well-being. *Journal of Social and Clinical Psychology, 23*, 603 - 619.

(25) e.g., Peterson, C., Seligman, M. E. P., & Vaillant, G. E. (1988). Pessimistic explanatory style is a risk factor for physical illness: A thirty-five year longitudinal study. *Journal of Personality and Social Psychology, 55*, 23 - 27.

(26) e.g., Peterson, C., Bishop, M. P., Fletcher, C. W., Kaplan, M. R., Yesko, E. S., Moon, C. H., Smith, J. S., Michaels, C. E., & Michaels, A. J. (2001). Explanatory style as a risk factor for traumatic mishaps. *Cognitive Therapy and Research, 25*, 633 - 649.

(27) e.g., Peterson, C., Seligman, M. E. P., Yurko, K. H., Martin, L. R., & Friedman, H. S. (1998). Catastrophizing and untimely death. *Psychological Science, 9*, 49 - 52.

(28) Berg, C. J., Snyder, C. R., & Hamilton, N. (2008). The effectiveness of a hope intervention in coping with cold pressor pain. *Journal of Health Psychology, 13*, 804 - 809.

(29) e.g., Wiederman, M. W. (1993). Evolved gender differences in mate preferences: Evidence from personal advertisements. *Ethology and Sociobiology, 14*, 331 - 351.

(30) Steen, T. A. (2002). *Is character sexy? The desirability of character strengths in romantic partners* (Unpublished doctoral dissertation). University of Michigan, Ann Arbor.

(31) McGrath, R. E., Rashid, T., Park, N., & Peterson, C. (2010). Is optimal functioning a distinct state? *The Humanistic Psychologist, 38*, 159 - 169.

(32) Luthar, S. S., Cicchetti, D., & Becker, B. (2000). The construct of resilience: A critical evaluation and guidelines for future work. *Child Development, 71*, 543 - 562.

(33) Peterson, C., Park, N., Pole, N., D'Andrea, W., & Seligman, M. E. P. (2008). Strengths of character and posttraumatic growth. *Journal of Traumatic Stress, 21*, 214 - 217.

(34) Jobs, S. (2005). *Stanford commencement address.* Retrieved from https://www.youtube.com/watch?v=UF8uR6Z6KLc [スティーブ・ジョブズ　伝説の卒業式スピーチ（日本語字幕）] https://www.youtube.com/watch?v=RWsFs6yTiGQ

第3章

(35) Makin, N. (2010). *703: How I lost more than a quarter ton and regained a life.* New York: Dutton.

(36) Park, N., & Peterson, C. (2006). Character strengths and happiness among young children: Content analysis of parental descriptions. *Journal of Happiness Studies, 7*, 323 - 341.

(37) Park, N., Peterson, C., & Seligman, M. E. P. (2004). Strengths of character and well-being. *Journal of Social and Clinical Psychology, 23*, 603 - 619.

(38) Froh, J. J., Bono, G., & Emmons, R. (2010). Being grateful is beyond good manners: Gratitude and motivation to contribute to society among early adolescents. *Motivation and Emotion, 34*, 144 - 157.

(39) Gelstein, S., Yeshurun, Y., Rozenkrantz, L., Shushan, S., Frumin, I., Roth, Y., & Sobel, N. (2011). Human tears contain a chemosignal. *Science, 331*, 226 - 230.

(40) Vul, E., Harris, C, Winkielman, P & Pashler, H (2009). Puzzlingly high correlations in fMRI studies of emotion,

personality, and social cognition. *Perspectives on Psychological Science, 4*, 274 - 290.

(41) Kross, E., Berman, M., Mischel, W., Smith, E.E., & Wager, T. (2011). Social rejection shares somatosensory representations with physical pain. *Proceedings of the National Academy of Sciences.*

(42) cf. Simon, R. W., & Barrett, A. E. (2010). Nonmarital romantic relationships and mental health in early adulthood: Does the relationship differ for women and men? *Journal of Health and Social Behavior, 51*, 168 - 182.

(43) Mehl, M. R., Vazire, S., Holleran, S. E., & Clark, C. S. (2010). Eavesdropping on happiness: Well-being is related to having less small talk and more substantive conversations. *Psychological Science, 21*, 539 - 541.

(44) Holt-Lunstad J., Smith, T. B., & Layton, J. B. (2010). Social relationships and mortality risk: A meta-analytic review. *PLoS Med 7* (7): e1000316. doi:10.1371.

(45) Hamlin, J. K., Wynn, K., & Bloom, P. (2007). Social evaluation in preverbal infants. *Nature, 450*, 557 - 559.

(46) Bloom, P. (2010, May 3). The moral life of babies. *The New York Times Magazine.* Retrieved from http://www.nytimes.com/2010/05/09/magazine/09babies-t.html.

(47) Fowler, J. H., & Christakis, N. A. (2008). Dynamic spread of happiness in a large social network: Longitudinal analysis over 20 years in the Framingham Heart Study. *British Medical Journal, 338*, 1 - 13.

第4章

(48) Evans, M. D. R., Kelley, J., Sikora, J., & Treiman, D. H. (2010). Family scholarly culture and educational success: Books and schooling in 27 nations. *Research in Social Stratification and Mobility, 28*, 171 - 197.

(49) Headey, B., Muffels, R., & Wagner, G. G. (2010). Long-running German panel survey shows that personal and economic choices, not just genes, matter for happiness. *Proceedings of the National Academy of Science of the United States of America, 107*, 17922 - 17926.

(50) e.g., Harris, K. M., Firstenburg, F. F., Jr., & Marmer, J. K. (1998). Paternal involvement with adolescents in intact

families: The influence of fathers over the life course. *Demography, 35*, 201 - 216.

（51） Kuoppala, J., Lamminpaa, A., Liira, J., & Vaino, H.（2008）. Leadership, job well-being, and health effects-A systematic review and a meta-analysis. *Journal of Occupational and Environmental Medicine, 50*, 904 - 915.

（52） Kish-Gephart, J. J., Harrison, D. A., & Trevino, L.K.（2010）. Bad apples, bad cases, and bad barrels: Meta-analytic evidence about sources of unethical decisions at work. *Journal of Applied Psychology, 95*, 1 - 31.

（53） Sutton, R. I.（2007）. *The no asshole rule: Building a civilized workplace and surviving one that isn't.* New York: Business Plus. ［ロバート・I・サットン著、矢口誠訳『あなたの職場のイヤな奴』（講談社、二〇〇八）］

（54） Jahoda, M.（1958）. *Current concepts of positive mental health.* New York: Basic Books.

（55） Jahoda, M.（1982）. *Employment and unemployment: A social-psychological analysis.* Cambridge: Cambridge University Press.

（56） Kuppens, P., Ceulemans, E., Timmerman, M. E., Diener, E., & Kim-Prieto, C.（2006）. Universal intracultural and intercultural dimensions of the recalled frequency of emotional experience. *Journal of Cross-Cultural Psychology, 37*, 491 - 515.

（57） Inglehart, R., Foa, R., Peterson, C., & Weizel, C.（2008）. Development, freedom, and rising happiness: A global perspective, 1981 - 2007. *Perspectives on Psychological Science, 3*, 264 - 285.

（58） Weiner, E.（2008）. *The geography of bliss: One grump's search for the happiest places in the world.* New York: Twelve. ［エリック・ワイナー著、関根光宏訳、『世界しあわせ紀行』（早川書房、二〇一二）］

（59） Daly, M. C., Oswald, A. J., Wilson, D., & Wu, S.（2011）. Dark contrasts: The paradox of high rates of suicide in happy places. *Journal of Economic Behavior and Organization, 80*, 435 - 442.

（60） cf. Ring, K.（1967）. Experimental social psychology: Some sober questions about some frivolous values. *Journal of Experimental Social Psychology, 3*, 113 - 123.

（61） Park, N., & Peterson, C.（2011）. *Happiness and suicide in large US cities.* Unpublished manuscript, University of Michigan.

(62) Diener, E. (2000). Subjective well-being: The science of happiness and a proposal for a national index. *American Psychologist, 55*, 34 - 43.

(63) Stratton, A., (2010, November 14). David Cameron aims to make happiness the new GDP. *The Guardian.* Retrieved from http://www.guardian.co.uk/politics/2010/nov/14/david-cameron-wellbeing-inquiry.

(64) Diener, E. (2000). Subjective well-being: The science of happiness and a proposal for a national index. *American Psychologist, 55*, 34 - 43.

(65) Diener, E., & Seligman, M. E. P. (2004). Beyond money: Toward an economy of well-being. *Psychological Science in the Public Interest, 5*, 1 - 31.

第5章

(66) Peterson, C. (2006). *A primer in positive psychology.* New York: Oxford University Press. ［クリストファー・ピーターソン著、宇野カオリ訳、『ポジティブ心理学入門――「よい生き方」を科学的に考える方法』（春秋社、二〇一二）］〈クリストファー・ピーターソン著、宇野カオリ訳、『実践入門ポジティブ・サイコロジー――「よい生き方」を科学的に考える方法』（春秋社、二〇一〇）の新装改訂版〉

(67) Seligman, M. E. P., & Csikszentmihalyi, M. (2000). Positive psychology: An introduction. *American Psychologist, 55*, 5-14.

(68) Ryan, W. (1978). *Blaming the victim* (Rev. ed.). New York: Random House.

(69) (66) を参照

(70) Diener, E., & Chan, M. Y. (2011). Happy people live longer: Subjective well-being contributes to health and longevity. *Applied Psychology: Health and Well-Being, 3*, 1 - 43.

(71) McMahon, D. M. (2006). *Happiness: A history.* New York: Grove Press.

(72) Frankfurt, H. G. (2005). *On bullshit.* Princeton, NJ: Princeton University Press. ［ハリー・G・フランクファート著、山形浩生訳、『ウンコな議論』（筑摩書房、二〇〇六）］

（73）Gardner, H.（1999）. *Intelligence reframed: Multiple intelligences for the 21st century.* New York: Basic Books.［ハワード・ガードナー著、松村暢隆訳、『ＭＩ：個性を生かす多重知能の理論』（新曜社、二〇〇一）］
（74）Maslow, A.（1979）. *The journals of A. H. Maslow.* Monterey, CA: Brooks/Cole.
（75）Haidt, J.（2006）. *The happiness hypothesis: Finding modern truth in ancient wisdom.* New York: Basic Books.［ジョナサン・ハイト著、藤澤隆史、藤澤玲子訳、『しあわせ仮説――古代の知恵と現代科学の知恵』（新曜社、二〇一一）］
（76）cf. Valenstein, E. S.（1986）. *Great and desperate cures.* New York: Basic Books, 1986.
（77）Lewin, K.（1946）. Action research and minority problems. *Journal of Social Issues, 2*（4）, 34 - 46.
（78）Woolf, S. H.（2008）. The meaning of translational research and why it matters. *JAMA, 299*, 211 - 213.
（79）Campbell, D. T.（1969）. Reforms as experiments. *American Psychologist, 24*, 409 - 429.
（80）Seligman, M. E. P., Steen, T. A., Park, N., & Peterson, C.（2005）. Positive psychology progress: Empirical validation of interventions. *American Psychologist, 60*, 410 - 421.
（81）（66）を参照
（82）Novotney, A.（2009, December）. Strong in mind and body. *Monitor on Psychology, 40*（11）, 40 - 43.
（83）Seligman, M. E. P.（2008）. Positive health. *Applied Psychology: An International Review, 57*, 3 - 18.
（84）Peterson, C., Park, N., & Sweeney, P. J.（2008）. Group well-being: Morale from a positive psychology perspective. *Applied Psychology: An International Review, 57*, 19 - 36.
（85）Cohen, A. B.（2009）. Many forms of culture. *American Psychologist, 64*, 194 - 204.
（86）Benedict, R.（1934）. *Patterns of culture.* New York: Houghton Mifflin.［ルース・ベネディクト著、尾高京子訳『文化の諸様式』（中央公論社、一九五一）］

第6章

（87）Snowdon, G.（2009）. Get happy!! Japanese workers face smile scanner. *The Guardian.* Retrieved from http://www.

guardian.co.uk/money/blog/2009/jul/07/japanese-smile-scanning/.
(88) Toto, S. (2011). Omron updates its Smile-O-Meter. *TechCrunch.* Retrieved from http://techcrunch.com/2011/01/28/smile-scan-omron-updates-its-smile-o-meter/.
(89) University of Michigan News Service. (2011). Persuasive speech: *The way we, um, talk sways our listeners.* Retrieved from http://ns.umich.edu/new/releases/8404.
(90) Mathews, J. (2009). *Work hard. Be nice.* Chapel Hill, NC: Algonquin Books.［ジェイ・マシューズ著、北川知子訳、『情熱教室のふたり――学力格差とたたかう学校「ＫＩＰＰ」の物語』（ダイヤモンド社、二〇一三）］
(91) Kidder, T. (2003). *Mountains beyond mountains.* New York: Random House.［トレーシー・キダー著、竹迫仁子訳、『国境を越えた医師――Mountains Beyond Mountains』（小学館プロダクション、二〇〇四）］
(92) Mortenson, G., & Relin, D. O. (2006). *Three cups of tea.* New York: Viking Penguin.［グレッグ・モーテンソン、デイヴィッド・オリバー・レーリン著、藤村奈緒美訳、『スリー・カップス・オブ・ティー――１杯目はよそ者、２杯目はお客、３杯目は家族』（サンクチュアリパブリッシング、二〇一〇）］
(93) Vallerand, R. J. (2008). On the psychology of passion: In search of what makes people's lives most worth living. *Canadian Psychology, 49*, 1 - 13.
(94) Levy, B. R., Slade, M. D., Kunkel, S. R., & Kasl, S. V. (2002). Longevity increased by positive self-perceptions of aging. *Journal of Personality and Social Psychology, 83*, 261 - 270.
(95) Sone, T., Nakaya, N., Ohmori, K., Shimazu, T., Higashiguchi, M., Kakizaki, M., Kikuchi, N., Kuriyama, S., & Tsuji, I. (2008). Sense of life worth living (*ikigai*) and mortality in Japan: Ohsaki Study. *Psychosomatic Medicine, 70*, 709 - 715.
(96) e.g., Peterson, C., & Bossio, L. M. (1991). *Health and optimism.* New York: Free Press.
(97) Gable, S. L., Reis, H. T., Impett, E. A., & Asher, E. R. (2004). What do you do when things go right? The intrapersonal and interpersonal benefits of sharing positive events. *Journal of Personality and Social Psychology, 87*, 228 - 245.
(98) Koo, M., Algoe, S. B., Wilson, T. D., & Gilbert, D. T. (2008). It's a wonderful life: Mentally subtracting positive events

improves people's affective states, contrary to their affective forecasts. *Journal of Personality and Social Psychology, 95*, 1217-1224.

（99）Burlingham, B. (2005). *Small giants: Companies that choose to be great instead of big*. New York: Penguin.［ボー・バーリンガム著、上原裕美子訳、『Small giants——事業拡大以上の価値を見出した14の企業』（アメリカン・ブック&シネマ／英治出版、二〇〇八）］

◉「キャラクター・ストレングス」（character strengths）に関する訳註：

この概念に関しては、訳者自身が考案した「**強みとしての徳性**」という訳語を、原著者ピーターソンの前著、*A Primer in Positive Psychology*（Oxford University Press, 2006）の邦訳書である『実践入門ポジティブ・サイコロジー——「よい生き方」を科学的に考える方法』（春秋社、二〇一〇年）で世に問うた。この訳語は同著で初出であり、同著の新装改訂版である『ポジティブ心理学入門——「よい生き方」を科学的に考える方法』（春秋社、二〇一二年）では据え置いたものの、今日に至るまで主に両著でのみ使用される訳語となっている。「強みとしての徳性」（文脈により「徳性の強み」「徳性に基づく強み」などの変化形あり）という訳語は、二〇〇七年当時、「character《キャラクター》 strengths《ストレングス》」の概念および邦訳の選定について原著者と訳者が議論を重ねる中で、原著者が「character《キャラクター》 は moral《モラル》 character《キャラクター》 と同義語である」と繰り返し強調し、かつ「character《キャラクター》 strengths《ストレングス》 は strengths《ストレングス》 of《オブ》 moral《モラル》 character《キャラクター》 と言い換えられる」としたことによる。参考までに、character strengths の定義については、同概念を構成する特徴的な条件として右記の両邦訳書に一二の基準（他書では一〇と区分）が列記されている以外は明確な記述がない。

原著者の解釈を受けて、邦訳の選定に入った。再び原著者に確認したが、「strengths《ストレングス》」は世間一般の既存訳である「強み」として問題がないようであった。「moral character」を「徳性」と訳出したのは、訳者が東洋学研究で知られる安岡正篤氏の著述における同語の使用法に概念の類似性を見出したことによる（詳しくは、拙著オンライン記事、「困難に勝つ力がつく『レジリエンス・トレーニング』とは」プレジデント社、二〇一〇年五月三日号を参照されたい）。原著者としては、「……道徳的に評価された特性であるキャラクター・ストレングス……」（本書55頁）とあることからも、今日でも「character strengths」を「徳性」と解釈することに異論はないものと考えられる。なお、「徳性」と「特性」（traits《トレイツ》）とは同音語であり紛らわしいが、character strengths は traits の下位範疇であることから、両者の概念を取り違えないためにも訳語は厳密に区別されなければならない。

　だが、原著者の死後、訳者が本題の研究を続行する中で、自身による既存訳に疑問が生じた。二〇〇〇年にペンシルベニア州グラスバーンで開催された「強みと美徳を定義するVIA《ヴィア》分類学（注）」に関する会合で、原著者は、強みと美徳に関する五つのクラスターとして、（一）認知の強み、（二）感情の強み、（三）意志の強み、（四）関係性と市民性の美徳、（五）一貫性の強み、を主張している。各クラスターに特徴的に振り分けられた要素を吟味すると、個人、個人間、あるいは集団の「道徳性」とは特段関わることなく強みや美徳として機能する要素が多いことが分かる。（注：この分類学では、後に「character strengths」という概念を導入するに至る。「VIA」は、強みと美徳の関係性を測定する尺度名の一部として存続。）

　事実、「character」を「moral character」と限定的に定義してしまうことに対する疑問は、原著者自身の言説からもその余地が垣間見える。「……ポジティブな気質と同族のものとして『キャラクター』という概念にアプローチする必要がある……」（同55頁）とあるが、「ポジティブな気質」は必ずしも道徳的に評価されたものとは限らない。

　以上のような事由をもって、本書では「character strengths」に対して暫定的に「キャラクター・ストレングス」と、日本語の利便性に頼る形でカタカナを充てることとした。

訳者からの手紙

親愛なるクリス★　〜*Dear Chris*〜

私があなたにペンシルベニア大学で出会ってからもう一〇年という月日が流れようとしています。あなたがもうあのアメリカの地にいないという現実はいまだに私の胸を塞ぎ、あなたの書いた省察を訳しながら幾度となくパソコンの画面を涙で歪ませました。もっともっと語りたいことがあったであろうに、まるでビリー・ジョエルの歌そのままに（省察52）あなたはなぜこんなにも早くこの世を去ってしまったのか——そんな行き場のない問いが胸に繰り返し込み上げました。

クリス、あなたは第一線の眩い光の中で活躍した屈指のポジティブ心理学者であり、ポジティブ心理学の良心そのものでした。あの日、予期せぬ形であなたを突如失った欧米のポジティブ心理学界には激震が走りました。あなたの物語の終わりは、ポジティブ心理学の物語の大きな部分の終わりをも意味しました。私はその第一報をマーティ（マーティン・セリグマンの愛称）から受けました。慟哭するマーティの姿を見たのは後にも先にもそのときだけです。

クリス、あなたがいなくなってから、私は母国日本で一人途方に暮れることばかりでした。私にとってあなたというメンターを亡くしたことは、ポジティブ心理学の未来を見据え、分野の健全な存続に対する危機意識を共有できる、かけがえのない友人を失ったも同然でした。あなたが省察の全篇にわたり示しているように、ポジティブ心理学が学問である限り、学問分野としての例に漏れず、その知識の修得にはそれ相応の困難が伴います。にもかかわらず、あなたが生前最も心を痛めた「悪い仲間」（省察45、46）に分類されるような人たちからは相も変わらずインスタントな情報がとめどもなく発信され続け、分野は混迷を深める一方です。

それにしても実に奇妙な現象です。悪い仲間は喜々として「自分たちの大好きなポジティブ心理学（と諸々の関連分野）」を喧伝することに余念がなく、いつも何だかとても幸せそうに見えます。けれども、彼らの幸福度が上がれば上がるほど、あなたやマイク（ミハイ・チクセントミハイの愛称）やバーブ（バーバラ・フレドリクソンの愛称）のようなポジティブ心理学の第一人者のため息の数は増え、ポジティブ心理学の今、そして未来に対する憂いを深めては警鐘を鳴らす機会が増えていきました。それは、あなたたちが誰よりもポジティブ心理学を大切に思い、この分野に責任を持っているからです（省察32、33）。悪い仲間の跋扈《ばっこ》する混迷の中で右往左往する人たちを見て、ときに何が真実なのか分からなくなるとき、私にとってはあなたからポジティブ心理学を教わったという事実だけが真実であるかのように思えることがあります。

クリス、あなたは誰よりも熱心に「ポジティブ心理学とは何か」を教えてくれました。そして、ポジティブ心理学とそうでないもの（ポジティブ心理学を駄目にするもの）を識別する目を養ってくれました。当時、そんなあなたのポジティブ心理学者としての誠意を踏みにじるかのように、「誇張した一般書を書くポジティブ心理学者」（省察41）は首尾よく「ポジティブ心理学介入をめぐる迷信」（省察47）を大々的に流布することに成功しました。あなたは、悪い仲間の中でも、非の打ちどころのないような学歴を持つその相手と対峙し、一人苦悩を深めていました。苦しみの只中にいたあなたに、「あなたほどの大学者であれば、公然と問題提起をしてもいいのではないですか」と私は提言しました。するとあなたは「（そのタイミングは）今ではない」と一言返答しましたね。

その「今」は、あなたの死によって、もう永遠にやってこないものと思っていました。けれども私はあなたの省察の言葉を辿りながら気がついたのです。あのとき、あなたは、「悪い仲間の首根っこを掴んでいちいち咎《とが》めるわけにもいかない。私たちがよい研究《グッドリサーチ》、よい実践《グッドプラクティス》を生み出し続けていくことによってしかポジティブ心理学が存続する道はない」とも言ってくれました。あなたのこの黄金律に立ち返るタイミングはいつも「今」なのではないかと。

それからクリス、私がポジティブ心理学に関わろうとする人たちのありとあらゆる思惑を知っていく中で、一つ、分かったことがあります。それは、皆が皆、必ずしも、あなたのようにはポジティブ心理学に「真実の探究」を求めているわけではない、ということです（省察44）。

多種多様な思惑が入り込めば入り込むほど、あなたの言わんとしているポジティブ心理学からは遠のいていくような気がしてなりません。その意味で、真実の探究とは、ポジティブ心理学においては「闘い」とほぼ同義なのかもしれません。もし、現行の悪い仲間のあり方が認められるのであれば、あなたの書いたものはたんなる戯言《たわごと》にすぎません。けれども、あなたの言葉に何がしかの真実があるとすれば、悪い仲間のあり方が問われなければならないことでしょう。

ところでクリス、あなたの絶筆を日本で出版するにあたり、私を助けてくれた人たちをあなたに紹介したいと思います。「クソッタレ」（省察33）、「ウソつき」（省察44「デタラメ」と訳出）、「バカ野郎」（省察45他）といった、平素の学術論文の執筆では許されないような言葉を遠慮なく駆使してブログを書くという行為が、当時のあなたにどんなに大きな息抜きを与えたことか知れません。そのテイストを訳文でも余すところなく伝えるべく、藤原弘美さんという素晴らしい協力者を得て、前邦訳書（『ポジティブ心理学入門』）とは大幅に翻訳スタイルを変えて意訳を試みました。

それから、前著のときとは異なり、あなたに是非を聞けなかったことで許してほしいことがあります。それは、あなたの原書では一〇〇篇の省察が掲載されているところ、邦訳書では五五篇として抄訳にさせてもらったことです。これは編集上の判断ですが、前著と同様、英語を日本語にすると頁数がかさばり、あなたが望んだ一般書としての体裁が実現できないことによります。そのため、日本の読者には馴染みの薄いアメリカ文化に根差した内容の省察を中心に割愛させてもらいました。（せめてはあなたが五五という数字が好きであればよいのですが……）

もう一つ、邦訳書では原書の章（セクション）の入れ替えを行いました。これは、ポジティブ心理学に対する最大の内的批判とも言えるあなたの絶筆を日本で問うにあたり、ポジティブ心理学の浸透度に日本と欧米とでは大きなタイムラグがあることに伴う措置です。春秋社の江坂祐輔さんと手島朋子さんの助言は的確なものであったと思っています。

私たちはなぜ生きるのか、何のために働くのか、これからどこへ向かおうとしているのか——時代の要請とも言うべきこうした問いに対する応答として、私はポジティブ心理学が必ずや大きく貢献できると信じています。そして、私はいつの日か、今度はポジティブ心理学の「よい仲間」を分類してみたいと思っています。それはきっと、ポジティブ心理学のよい研究《グッドリサーチ》・よい実践《グッドプラクティス》にともに従事する仲間に関する分類となることでしょう。

クリス、どうかこれからも、ポジティブ心理学のことを天国から見守っていてください。そして、あなたが教えてくれた「ポジティブ心理学の心」を私の国でも語り継いでいけるよう、私を導き続けてください。

二〇一六年三月吉日　初春の東京にて

宇野カオリ

★　クリス：原著者クリストファー・ピーターソンの愛称。

著者

クリストファー・ピーターソン *Christopher Peterson*

米ミシガン大学心理学部教授。ペンシルベニア大学心理学部客員教授。イリノイ大学で心理学学士（優等学位）を、コロラド大学で博士号を取得（社会・人格心理学専攻）。ミシガン大学最優秀教授賞ほか、教育分野における受賞多数。研究論文が最も多く引用される世界の心理学者100人の1人に名を連ねる。ポジティブ心理学の創始者の1人で、ポジティブ心理学の真髄「強みのVIA」の開発研究に筆頭研究者として従事、同分野に偉大な業績を残す。2012年逝去。著書に『ポジティブ心理学入門――「よい生き方」を科学的に考える方法』（春秋社）、『学習性無力感――パーソナル・コントロールの時代をひらく理論』（共著、二瓶社）などがある。

訳者

宇野カオリ *Kaori Uno*

一般社団法人日本ポジティブ心理学協会代表理事。国際ポジティブ教育ネットワーク日本代表。筑波大学人間系研究員。跡見学園女子大学講師。ペンシルベニア大学大学院応用ポジティブ心理学修士課程修了。同大学ポジティブ心理学センター研究員、ミシガン大学ロス・スクール・オブ・ビジネス ポジティブ組織研究センターフェローを歴任。訳書に『ポジティブ心理学入門』（春秋社）、『ポジティブ心理学の挑戦』（ディスカヴァー・トゥエンティワン）、『レジリエンスの教科書』、『ポジティブ・コーチングの教科書』（共に草思社）などがある。

幸福だけが人生か?
ポジティブ心理学55の科学的省察

2016年4月30日　第1刷発行

著者――――――クリストファー・ピーターソン
訳者――――――宇野カオリ
発行者―――――澤畑吉和
発行所―――――株式会社 **春秋社**
〒101-0021 東京都千代田区外神田2-18-6
電話 03-3255-9611
振替 00180-6-24861
http://www.shunjusha.co.jp/
印刷・製本―――萩原印刷 株式会社
装丁――――――岩瀬　聡

ISBN978-4-393-36535-9
定価はカバー等に表示してあります